Hanf – Droge, Heilmittel, Mode, Faser

Rowan Robinson

Hanf
Droge, Heilmittel, Mode, Faser

Aus dem Amerikanischen von
Beate Gorman

Copyright © 1996 by Park Street Press, Rochester, Vermont/USA
Published by Arrangement with Inner Traditions International Ltd.
Titel der amerikanischen Originalausgabe:
The Great Book of Hemp. The Complete Guide to the Environmental, Commercial and Medicinal Uses of the World's Most Extraordinary Plant

Bildquellen:
Adidas America: Seite 12; Kevin Bubriski: Seite 60; Dupetit Natural: Seite 17; Andre Grossman: Seite 6, 9, 13, 96; Hanf Haus GmbH, Berlin: Seite 18; Henry Ford Museum und Greefield Village: Seite 84; IFO, Institut für angewandte Forschung, Reutlingen: Seite 36; Living Tree Paper Company: Seite 14; Ohio Hempery: Seite 88; E. W. Smith: Seite 21; Superstock: Seite 81; USDA Jahrbuch 1913: Seite 45; Waschbär Umweltprodukt Versand GmbH, Freiburg: Seite 10, 11, 25.

Die Deutsche Bibliothek – CIP-Einheitsaufnahme

Robinson, Rowan:
Hanf – Droge, Heilmittel, Mode, Faser / Rowan Robinson.
Aus dem Amerikan. von Beate Gorman. – Köln : vgs, 1996
Einheitssacht.: The great book of hemp ⟨dt.⟩
ISBN 3-8025-1323-1

Redaktion: Martina Weihe-Reckewitz
Lektorat: Dr. Christoph Schneider, Düsseldorf
Konzeption und Umschlaggestaltung: Christa Kochinke, Köln
Produktion: Ilse Rader
Satz: Typo Forum Gröger
Druck: Freiburger Graphische Betriebe
Printed in Germany
ISBN 3-8025-1323-1

Inhalt

Vorwort
des Herausgebers

Kann zwischen einer Pflanze und Menschen eine besondere Beziehung bestehen? Worauf ist es zurückzuführen, daß von den Milliarden Lebensformen auf der Erde nur eine winzige Menge die Verbindung zum Menschen eingegangen ist? Was das Tierreich betrifft, haben sich besondere Beziehungen zu Rindern, Hunden, Katzen, Pferden und einigen anderen Tieren entwickelt, mit denen wir unser Leben teilen und die uns einen Nutzen bieten. Man kann sich ein Leben ohne sie kaum vorstellen.

Doch wie steht es mit dem Pflanzenreich? Gibt es auch dort so enge Beziehungen, daß unsere Entwicklung ohne ihre Hilfe nicht hätte stattfinden können? Bäume liefern uns Holz zum Bauen, aus Baumwolle wird Kleidung hergestellt, Weizen, Mais und andere Getreidearten sind wichtige Bestandteile unserer Nahrung, und Heilkräuter lindern unsere Krankheiten. Aber es gibt nur eine Pflanze, die dem Menschen weltweit von Beginn an Nahrung, Kleidung, Baumaterialien, Brennstoff und Medikamente zugleich bescherte und die zudem noch die Kraft besaß, Bewußtsein und Sichtweise der menschlichen Welt zu beeinflussen. Bei dieser Pflanze handelt es sich um Hanf, *Cannabis sativa*.

Hanf tauchte bereits in grauer Vorzeit auf der Weltbühne auf. Man fand Samen, aus den Hanffasern hergestellte Seile und Stoffe in den ältesten Gräbern. Die ersten medizinischen Texte erwähnen ihn als Heilmittel. Außerdem kommt Hanf in vielen großen Augenblicken der modernen Geschichte eine Schlüsselrolle zu: Als Gutenbergs Druckerpresse die Arbeit aufnahm, wurde Hanfpapier verwendet, um darauf das Wort der Bibel im erwachenden Europa zu verbreiten. Auf der Suche nach einer neuen Welt und einer neuen Lebensart vor 500 Jahren war es Hanf, der als Material für Segel und Tauwerk diente, mit denen die Entdecker die Weltmeere zu befuhren. Als es an der Zeit war, diese neue Welt, ihre Ziele und Hoffnungen zu definieren, war es wieder Hanfpapier, auf dem die amerikanische Verfassung und die Unabhängigkeitserklärung geschrieben wurden. Als die amerikanischen Siedler gen Westen zogen, bespannten sie ihre Wagen mit Planen aus Hanf.

Als im Zweiten Weltkrieg die Lieferung von Naturfasern in die USA von den Japanern verhindert wurde, baute man Hanf auch wieder in Amerika an. Die Farmer wurden von dem amerikanischen Landwirtschaftsministerium unter dem Slogan »Hemp for victory« (»Hanf für den Sieg«) dazu aufgerufen, die Pflanze zu kultivieren. In den sechziger Jahren stürmte eine Jugendbewegung, inspiriert durch die Ideale von Frieden und Liebe, auf die Weltbühne, wo sie die soziale, wirtschaftliche und religiöse Ordnung herausforderte. Diese Bewegung hatte keine Führer, keine Ideologie und keine Strategie, um Änderungen zu bewirken, sondern nur das tiefverwurzelte Gefühl, daß es sich bei der »materialistischen Weltsicht des Establishments« um Heuchelei handele. Und noch etwas vereinte die jungen Leute: die enge Beziehung zu Hanf, einer Pflanze, für deren Wirkstoffe es im menschlichen Gehirn Rezeptoren gibt, die darauf warten, ihre biochemischen Botschaften zu empfangen. Eine Botschaft des Respekts gegenüber der Erde, ihren Tieren und Pflanzen, gegenüber unserem Körper und unserer Nahrung, gegenüber anderen Kulturen und Menschen.

Es ist schon außergewöhnlich, daß Hanf erneut in unserem Leben auftaucht, diesmal in der Rolle eines Umweltschützers und Heilmittels. Hanf bietet uns heute sehr reale und rasche Lösungsmöglichkeiten, der Abholzung der Wälder, der Mißstände der petrochemischen Industrie und der Zerstörung des Mutterbodens entgegenzuwirken, aber auch für Probleme der Medizin, die vom grünen Star bis hin zu AIDS reichen.

Die Arroganz des modernen Denkens, das ausschließlich den Fortschritt verehrt, ignoriert die Geschichte und die Erfolge des Hanfs und leugnet sie sogar. Aber ist es tatsächlich notwendig, diese Pflanze zu fürchten und zu verbannen? Oder versuchen wir vielmehr, einer Änderung unseres Bewußtseins aus dem Weg zu gehen? Egal, wie sehr wir dies auch versuchen, eine Veränderung in Kultur und Bewußtsein findet bereits statt – eine Neuorientierung, in der es darum geht, die Erde zu achten und die heilenden, umweltfreundlichen und spirituellen Eigenschaften der besonderen Beziehung zwischen Hanf und der Menschheit zu erkennen und zu ergreifen.

Ehud C. Sperling

■ Danksagung

Mehr noch als dies bei den meisten Büchern der Fall ist, wäre dieses Projekt ohne die Hilfe einer Reihe von Menschen nicht möglich gewesen. Ich danke Alan Reder, Ellen Komp und Chris Conrad für ihre Beiträge und speziell Chris für seine wichtigen Anregungen bei der Diskussion des Energiepotentials von Hanf. John Birrenbach, Gero Lesor und John McPartland gaben wertvolle Denkanstöße, und Mari Kane half mir jederzeit weiter. Besonders danken möchte ich Robin Dutcher-Bayer, Mary Elder Jacobsen, Janet Jesso, Tim Jones, Wendy Pratt, Virginia Scott, Lee Wood und all den anderen wunderbaren Mitarbeitern bei Inner Traditions für ihre Hingabe und den Glauben an dieses Buch. Es war ein Vergnügen, mit diesen Menschen zu arbeiten.

Einführung

Hanf erobert den Markt. In den letzten Jahren wurde das Konzept einer modernen Hanfindustrie in die Tat umgesetzt. Daß Kleidung, Papier, Baumaterial und Ölprodukte aus Hanf produziert werden können, mag uns unwahrscheinlich erscheinen, kennen wir Hanf doch aus ganz anderen Zusammenhängen.

Hanfprodukte: Samen, Puder, Parfum, Creme, Papier und Fasern.

Seit den dreißiger Jahren wurde der Glaube verbreitet, daß es sich bei Hanf um nichts weiter als ein »Teufelskraut« handele, »dessen Wurzeln aus der Hölle stammen«. Doch wenn man jemandem ein Hemd zeigt, das wie Leinen aussieht, und ihm sagt, daß es aus denselben Stengeln hergestellt wurde, die Marihuana hervorbringen, setzt eine Bewußtseinsveränderung ein. Langsam erkennen wir, daß es sich bei Hanf nicht um eine »tödliche« Droge handelt, sondern um ein Geschenk des Himmels, das in seiner langen und bemerkenswerten Geschichte der Menschheit zu Diensten stand.

Es ist wichtig, daß dieses Bewußtsein entsteht, während noch eine Generation lebt, die sich an die Jahre vor 1937 erinnert, als Hanf nicht nur in Amerika auf kleinen Farmen angebaut wurde – eine Generation, die diesen alten Freund wiedererkennt.

Der auflebende Marihuanakonsum Ende der sechziger und in den siebziger Jahren löste eine Flut von Untersuchungen über die Hanfpflanze aus – von ihrer Wirkung als Droge bis hin zu ihrem Nutzen als Dämmstoff. Regierungsdokumente, Zeitungsartikel und persönliche Berichte offenbaren eine vielgestaltige, verborgene Geschichte, auch über die geheimnisvolle Form der Unterdrückung des Hanfanbaus durch die US-Regierung. Diese Informationen erreichten bald die immer noch aktive Pro-Marihuana-Bewegung und belebten sie mit einer neuen Generation von Umweltschützern, die in erster Linie gegen die Abholzung der Wälder und die Verwendung von Pestiziden kämpften. Sie setzten sich fortan für die Umstellung auf den immer wieder nachwachsenden Rohstoff Hanf ein.

Es war nur eine Frage der Zeit, wann amerikanische Unternehmer versuchen würden, aus Hanf gefertigte Produkte zu importieren. 1987 handelte es sich bei den einzigen in den USA erhältlichen Hanfprodukten um ungarische Schnur, ein paar Spezialpapiere für Zigaretten und sterilisierten

Vogelsamen. 1989 deckte eine Gruppe namens »Business Alliance for Commerce in Hemp« (BACH) die Importvorschriften des amerikanischen Zolls für Hanf auf, nach denen die Einfuhr von Stengeln und sterilisierten Samen in die USA legal war. Im Sommer 1989 brachte die Organisation Unterlagen heraus, die Hanfunternehmen ermutigten, aktiv zu werden. Sachinformationen waren ein wichtiger Teil der frühen Marketingstrategie: So wurden Broschüren – beispielsweise über die vielfältigen Einsatzmöglichkeiten der Pflanze – von den BACH-Repräsentanten verbreitet. In diesen Schriften konzentrierte man sich speziell auf die Vorteile von Hanf als Faser, Nahrungsmittel und Brennstoff sowie seine Eigenschaft als umweltschonendes und wirtschaftliches Material.

Bald tauchten Tausende von gehäkelten Armbändern, Hüten und Taschen im Handel auf. House of Hemp in Portland, Oregon, führte Segeltuch aus

Schuhe aus Hanf.

100 Prozent Hanf aus China ein und verkaufte ihn weiter als Polsterstoff, Teppichunterlage und ähnliches. 1991 schloß sich der Sänger Willie Nelson der Bewegung an, indem er seine Unterschrift für ein Hemd aus einer Hanf-Baumwollmischung zur Verfügung stellte. Die Firma Tree-Free EcoPaper führte 1992 die ersten Ladungen Hanf- und Getreidestrohpapier in die USA ein.

Informations- und Verkaufstouren für Hanfprodukte verhalfen interessierten Unternehmern zu einem Start. Der American Hemp Council, eine in Los Angeles gegründete Gruppe, veranstaltet seit Ende 1991 vierteljährliche Werbeaktionen, die bis zu 10 000 Menschen anziehen. Die Aktionen werden durch den Verkauf von Pfannkuchen aus Hanfsamen finanziert. Hanfverkäufer besuchten auch bald Messen für den Umweltschutz und das Kunsthandwerk sowie Musikfestivals.

BACH gestaltete 1991 auf 67 Earth-Day-Veranstaltungen Ausstellungen zum Thema »Hanf«. 1992 gab es bereits mehr als zwanzig Hanfunternehmen. Der Erfolg von *Cannabis sativa*, seine Qualität und die ökologischen Vorteile erweckten die Aufmerksamkeit erfahrener Hersteller, Designer und Einzelhändler. Die Marihuana-Anhänger traten hingegen in den Hintergrund, als die neuen Profis ans Werk gingen. *Hemp World*, ein Fachblatt der Hanfindustrie, erschien zum ersten Mal im Dezember 1993. Die Gründerin Mari Kane erklärte, daß die Zeitschrift ein »kapitalistisches Werkzeug« ohne jede Pro-Marihuana-Rhetorik sein würde: »Hanf ist frisch, hip, aber dennoch ordentlich, umweltfreundlich, sogar haltbarer als Baumwolle, und außerdem ist es von so vielen Geheimnissen umgeben, daß selbst die Neugier zynischer Nörgler geweckt wird.«

Ende 1994 trafen sich 40 Unternehmen in Arizona, um die »Hemp Industries Association« zu gründen, die die Werbung für Hanf, die Aufstellung von Produktanforderungen und die Wiederaufnahme des Hanfanbaus in den USA unterstützen soll. Erst kürzlich eröffnete sie im Herzen der New Yorker Modewelt, Ecke 42. Straße und Broadway, ein Büro. Die Organisation ähnelt den Handelsorganisationen zur Förderung der Baumwoll-, Woll- und Leinenindustrie.

Heute zählt die USA mehr als 300 Hanfunternehmen, die Hunderte von Produkten importieren, herstellen oder im Einzelhandel verkaufen – angefangen bei Schuhen über Unterwäsche aus Hanf-Seide-Mischungen bis hin zu Shampoos, Lippenstiften und Salben aus Hanföl sowie Papier. Nach vorsichtigen Schätzungen erzielt der Hanfhandel auf dem amerikanischen Binnenmarkt einen Umsatz von 15 Millionen Dollar und weltweit rund 50 Millionen Dollar. Das Ansehen des Hanfs steigt von Tag zu Tag, Großunternehmen und Designer wie Converse, Ralph Lauren und Calvin Klein beginnen, sich ebenfalls für die Pflanze zu interessieren. Hanf-Einzelhandelsgeschäfte wurden überall in den USA, in Europa, Kanada und Australien eröffnet. In Deutschland vertreiben rund 80 Geschäfte vornehmlich Hanfprodukte. Eine Reihe Unternehmen unterhalten genau wie die Coalition for Hemp Awareness und Hemp BC virtuelle Läden im World Wide Web im Internet.

Die Vereinigten Staaten und Deutschland, die Länder, in denen die Anbaubedingungen am strengsten gehandhabt werden, haben die erfolgreichsten Hanf-

Ein modischer Rucksack aus Hanf.

unternehmen hervorgebracht. Das deutsche Interesse geht auf die starke Öko-Bewegung zurück. Anfang 1995 fanden Hanfprodukte auf der deutschen Biofach, der weltweit größten Handelsmesse für ökologische Konsumgüter, reges Interesse. Eine viertägige Konferenz mit Wissenschaftlern und Industriellen aus aller Welt beschäftigte sich vor allem mit den Zucht-, Ernte- und Lagertechniken der Pflanze sowie mit der Herstellung von Papierzellstoff, der Bedeutung von Hanfsamen als Nahrungsmittel und seiner Verwendung in Kosmetika und Reinigungsmitteln. Hanf als Baustoff, Brennstoff und in medizinischen Anwendungen waren weitere Themen; abgerundet wurde das Ganze von einer Diskussion gesetzlicher Fragen. Vertreter von vierzig Hanfunternehmen aus neun Ländern nahmen an dieser Messe teil und stellten neuere Produke vor: Hanf-Spanplatten, die zu Schüsseln und Armaturenbrettern verarbeitet wurden; eine Faserplatte, die an

Der Hanfschuh von Adidas. Oberschuh und Schnürsenkel bestehen aus Hanfsegeltuch. (Mit freundlicher Genehmigung von Adidas America.)

Fiberglas erinnert und als Polsterung oder Dämmstoff eingesetzt werden kann, sowie ein Kunststoff aus Hanfzellulose, der an Skateboard-Hersteller vertrieben werden soll. Auf der Biofach erhielten die amerikanischen Hanfunternehmen endlich die lang angestrebte Legitimierung als Ökounternehmen.

■ *Hanf in der Mode*

Vielleicht tragen Sie bereits Hanfkleidung, ohne es zu wissen. Der Designer Ralph Lauren offenbarte kürzlich, daß er bereits seit 1984 insgeheim Hanffasern in seinen Kollektionen verarbeite. Im Juni 1995 »outete« die *New York Times* den Modeschöpfer in einem Artikel mit dem Titel »Der älteste Stoff der Welt ist heute ihr neuester« und druckte ein Interview mit Calvin Klein, der sagte: »Ich glaube, daß Hanf sowohl für Möbelstoffe als auch in der Modeindustrie die bevorzugte Faser werden wird.«

Hanf ist seit Jahrhunderten ein zweckmäßiges Material, und so ist es nur natürlich, daß Hanfkleidung zu den ersten Produkten zählt, die heute den ökologiebewußten Modemarkt erobern. In der

Zeitschrift *Rolling Stone* stand Hanf 1993 auf der Liste der Dinge, die ›in‹ sind. Die Sender MTV, CNN, Fox, CBS und ABC haben Sendungen über den neuen Look gebracht, und in Deutschland berichteten führende Zeitungen und Magazine, wie »Spiegel«, »Focus«, »Stern«, »Die Zeit« und die »FAZ« über Produkte aus Hanf.

Doch Hanf ist mehr als nur ein neuer Modetrend. Die Hanffasern sind erheblich reißfester und damit haltbarer als Baumwollfasern. Hanf ist waschmaschinenfest und für den Trockner geeignet. Der atmungsaktive Stoff zeichnet sich nicht zuletzt dank seines hervorragenden Absorptionsvermögens durch Hautfreundlichkeit aus.

Viele Menschen sind der Meinung, daß Hanf wie Sackleinen aussieht, doch die Stärke und Grobheit des Stoffes hängen davon ab, wie die Fasern versponnen und verwebt werden. Hanf kann wie Flachs und andere Fasern zu verschiedenen Stoffen – von grobem Segeltuch bis hin zu feinem Leinen - verarbeitet werden; sorgfältig aufbereitet ist Hanf weicher als Baumwolle. Möbelstoffe, Tischwäsche, Freizeit- und exklusive Kleidung sind potentielle Märkte für Hanf.

■ *Cannabis ist der ursprüngliche und einzige »echte Hanf«. Speziell im letzten Jahrhundert haben mehrere andere Faserpflanzen den Gattungsnamen »Hanf« angenommen: Manilahanf ist auch unter der Bezeichnung Abacá bekannt (**Musa textilis**), bei Sisalhanf handelt es sich um die mexikanische Henequen-Agave (**Agave fourcroydes** L.), beim Neuseeland-Hanf um **Phormium tenax**,* beim Mauritius-Hanf um *Furcraea foetida* und beim Bombayhanf um *Crotolaria juncea*. Jute (*Corchorus capsularis*) ist auch unter der Bezeichnung indischer Hanf bekannt – nicht zu verwechseln mit *Cannabis sativa ssp. indica*, der ebenfalls indischer Hanf heißt.[2]

Die erste Jeans wurde Mitte des vorigen Jahrhunderts aus 100 Prozent Hanf hergestellt.

In der Modewelt erscheint die Pflanze meistens in ihrer natürlichen Eierschalenfarbe als reiner, 100prozentiger Hanf und ähnelt biologisch angebauter Baumwolle. Chinesisches Leinen und die steiferen, dunkleren Hanfstoffe aus Ungarn und Rußland findet man bei Herren-, Damen- und Kinderkleidung sowie bei Accessoires wie Hüte, Taschen und Schuhe. Englischer Hanf, der teilweise mit wiederverwerteter Wolle oder Baumwolle aus Jeans verarbeitet wird, taucht ebenfalls auf dem Markt auf. Ein Unterneh-men, Pan World Traders, reiste nach Siebenbür-gen, um alte Hanfleinenstoffe aus Privatbesitz aufzukaufen. Der feine Stoff wurde von Hand gefärbt und zu Mützen, Rucksäcken, Hals- und Taschentüchern verarbeitet.

In der Hanf-Textilindustrie gibt es Hersteller aller Größenordnungen, angefangen bei klei-nen Kooperativen, die nur wenige Artikel nä-hen, bis hin zu großen Fabriken im In- und Ausland, die täglich mehrere tausend Kleidungsstücke produzieren. So entstehen bei-spielsweise bei Headcase jeden Tag 1000 Base-ballmützen aus Hanf. Die meisten Artikel werden über Kataloge oder Fachgeschäfte ver-trieben, doch findet man sie immer häufiger auch in Boutiquen und Kaufhäusern. Der hö-here Preis von Hanfkleidung rechtfertigt sich durch bessere Qualität und kann durch elegan-teren Schnitt und die Vermarktung als umwelt-freundlicher Artikel ausgeglichen werden.

Anfang 1995 stellte Deja Shoe, ein Unterneh-men, das für seine Schuhe aus wiederverwer-teten Materialien mit dem Mode- und Umweltpreis der Vereinten Nationen ausge-zeichnet wurde, eine Kollektion von Schuhen aus Hanfstoff vor. Bob Farentinos, der frü-here Vizepräsident für Umweltfragen bei Deja, erklärte, daß seine Firma mit Hanf ihren Auftrag, nur ökologisches Pflanzenmate-rial für die Produktion zu verwenden, erfülle. »Hanf ist aufgrund all seiner Vorteile kaum zu schlagen«, sagte Farentinos.

Die Hanfpapierfabrik der Living Tree Paper Company.

Haus Hanftextilien bester Material- und Verarbeitungsqualität. Zu Beginn des Jahres 1996 gehörten dem hier führenden Anbieter von Hanfprodukten bereits 14 Läden, einer davon in der Schweiz.

■ *Papier aus Hanf*

Der größte Beitrag von Hanf zur Weltwirtschaft und Ökologie könnte die Rückkehr zu Hanfpapieren sein. Die Hälfte aller gefällten Bäume werden zur Papierherstellung verwendet, dabei ist die Abholzung eine ernste Bedrohung unserer Umwelt. Sie schwächt die Ökosysteme, forciert die Bodenerosion und steigert den Treibhauseffekt. Bäume werden erst seit Mitte des 19. Jahrhunderts zur Papierherstellung verwendet, vorher wurde es aus Lumpenstoffen (Hadern), Papyrus und Hanf hergestellt. Heutzutage fallen jährlich 1,5 Milliarden Tonnen landwirtschaftliche Abfälle an, die unter Hinzunahme einer langfaserigen Pflanze wie Hanf zu Papier verarbeitet werden könnten. Da die Papierpreise stetig steigen und die Vorräte knapp werden, ist es an der Zeit, die sogenannten »alternativen« Quellen für Papierzellstoff näher zu betrachten:

Es gibt heute nur sehr wenige Maschinen, die lange Fasern wie Flachs und Hanf verspinnen, aber Hanf kann zu Viskose verfeinert oder verkürzt werden, um die vorhandenen Produktionsanlagen zu nutzen. Eine Umrüstung von Maschinen für die Herstellung von Geweben aus Langfasern würde eine nicht zu unterschätzende wirtschaftliche Gelegenheit bieten. Im Zweiten Weltkrieg machte sich eine derartige Umrüstung von Maschinen auf die Hanfverarbeitung in nur fünf Jahren bezahlt.[1]

Aufgrund des begrenzten Anbaus sind Stoffe aus Hanf auf dem Markt heute noch recht selten anzutreffen, doch diese Situation verbessert sich schnell. Owen Sercus, Professor für die Fertigbearbeitung von Stoffen am New Yorker Fashion Institute of Technology, hat mit der Hemp Industries Association zusammengearbeitet, um Test- und Kennzeichnungsnormen für Hanf in den USA festzulegen. Es wurde ein »True Hemp«-Kennzeichnungsetikett entwickelt, das sicherstellt, daß das, was der Kunde kauft, tatsächlich *Cannabis sativa* ist. In Deutschland verkauft das 1993 gegründete Hanf-

Anfang der neunziger Jahre waren die Preise für Hanfpapier um einiges höher als die für Papier aus Holz, aber vergleichbar mit anderen Faserpapieren jährlich geernteter Pflanzen wie Baumwolle. Der Hauptunterschied besteht darin, daß nur eine Handvoll Fabriken in den USA die Faser verarbeiten können. Durch Investitionen in die Entwicklungskosten und Kooperation mit papierproduzierenden Unternehmen, die kein Holz verwenden, wollen die Lieferanten von Hanfpapier die Kosten ihres Produkts reduzieren und die Qualität verbessern. Als größter Papierhersteller Deutschlands hat die Firma Schneidersöhne Papier in Kelkheim hochwertiges Hanfpapier mit Erfolg in seine Produktpalette aufgenommen.

Autos und Häuser aus Hanf

Der Hanfstengel ist eine fruchtbare und ertragreiche Quelle für ausgezeichnete Baustoffe und Industriegüter. Man könnte beispielsweise eine Autokarosserie oder ein Haus fast ausschließlich aus Hanf bauen und anschließend Erzeugnisse aus Hanföl zum Lackieren und Abdichten der fertigen Produkte verwenden. Zu guter Letzt ließe sich der Wagen sogar mit Hanfbrennstoff antreiben.

Die Technologie zur Umstellung auf Mischmaterialien mit Hanfanteil oder zur Hinzugabe von Hanf zu den zur Zeit eingesetzten Verfahren steht zur Verfügung, ohne daß ein Umbau der Maschinen notwendig wäre.

Im allgemeinen ist das Endprodukt, bezogen auf sein Gewicht, um so stabiler, je länger die verwendete Faser ist. Eine Cannabispflanze kann über vier Meter Höhe erreichen, wobei sich die Faserbündel etwa über die gesamte Länge hinziehen. Dies verleiht Hanfbast ungewöhnliche Stärke, gerade auch in Kombination mit Harzbindemittel zur Herstellung äußerst dichter Mischmaterialien. Die Ford Motor Company untersuchte die Möglichkeiten, Hanf in der Automobilindustrie einzusetzen bereits im Jahr 1929. In der Dezemberausgabe der Zeitschrift *Popular Mechanics* im Jahr 1941 stellte Henry Ford nach zwölfjähriger Forschung stolz das erste, »aus dem Boden gewachsene« Automobil vor, dessen Karosse-

Eines der vielversprechenden Hanfunternehmen der neunziger Jahre ist die Living Tree Paper Company in Eugene, Oregon. Sie bringt Tradition Bond^{TM}, ein in den USA hergestelltes holzfreies Hanfpapier, auf den Markt – das erste Hanfpapier, das seit 1995 in den USA auf kommerzieller Basis produziert wird. Für das Papier aus Hanf, Espartogras, landwirtschaftlichen Nebenprodukten und Altpapier wird kein Holz verwendet. Es ist somit viel umweltfreundlicher als Recyclingpapier, das häufig weniger als zehn Prozent Altpapier enthält, denn: Nach den Richtlinien des amerikanischen Amtes für Umweltschutz darf eine Ware bereits als Recyclingprodukt bezeichnet werden, wenn es nur zehn Prozent wiederverwerteter Abfälle enthält. »Recyclingpapier« kann also zu neunzig Prozent aus neuem Holzzellstoff bestehen. Bei Altpapier (Zeitungen, Zeitschriften, Pappe und so weiter) muß vor der Wiederverarbeitung die Tinte entfernt werden; dieser Prozeß belastet die Umwelt sogar noch stärker als die Produktion neuen Papiers: Einhundert Tonnen Papier aus neuen Holzfasern ergeben etwa fünf Tonnen Schlamm, die als Düngemittel verwendet werden können. Die Produktion der gleichen Menge aus Altpapier erzeugen etwa vierzig Tonnen Giftschlämme, die entsorgt werden müssen.

Der wegbereitende Baustoffhersteller C & S Speciality Builders Supply in Harrisburg, Oregon, produziert hervorragende Verbundplatten aus Hanf. Die Verbundplatten mittlerer Faserdichte (MDF) sind um 250 Prozent fester als MDF-Verbundplatten aus Holz. Das Produkt wurde in Zusammenarbeit mit dem Holzforschungsinstitut der Universität des Staates Washington entwickelt.

»Beim Thema Wald geht es im Grunde nicht um Bäume, ja nicht einmal um Holz, sondern um Fasern und darum, wie unsere Kultur Fasern einsetzt ...«, stellt David Seber, ein Mitbegründer des Unternehmens, fest. »Wir haben nicht nur eine Lösung zur Erhaltung der Wälder, sondern bieten auch das einzig wahre Konzept für die ökologische Nutzung. Wir behaupten, daß man keine 200 bis 500 Jahre alte Pflanze – einen Baum – nehmen muß, um ein Haus zu bauen, das 50 Jahre lang stehen wird. Statt dessen nimmt man eine Pflanze, die in 100 Tagen wächst, um ein Haus zu bauen, das 50 Jahre lang steht. Das ist ökologisch vertretbar.« William Conde, Sebers Partner, meint: »Um die Wälder zu schonen, sollte man moderne Verbundplatten aus jährlich nachwachsenden Pflanzen wie Hanf verwenden. Alles, was man aus Bäumen herstellen kann, kann man auch aus Hanf produzieren. Wir können die Wälder in Ruhe lassen und müssen uns keine weiteren Sorgen machen.«

rie zu 70 Prozent aus Hanf, Weizenstroh und Sisal bestand. Hanfharz stellte das Bindemittel. Stahl wurde bei diesem Wagen nur für den verschweißten Rahmen aus Röhren verwendet. Das Auto wog ein Drittel weniger als ähnliche Wagen aus Stahl, wies aber eine zehnmal höhere Schlagfestigkeit auf.

Chènevotte Habitat, ein französisches Unternehmen, hat bereits rund 500 Hanfhäuser gebaut. Dabei wird ein patentiertes, ungiftiges Verfahren eingesetzt, bei dem Hanfschäben, das sind die gebrochenen Teile des hölzernen Stengels, zu Dämmstoffen und einem leichten Betonersatz verarbeitet werden. Der verwendete Zellstoff wird mit einem flammenhemmenden Mittel behandelt und zum Dämmen von Zwischenräumen in Wänden und Decken verwendet. Der Baustoff besteht aus »Hanfchips«, die mit einem Mineralbindemittel versehen sind. Das Material wird mit Wasser und Kalk gemischt und kann in Formen gegossen oder mit der Kelle aufgetragen werden. Das organische Material wird zu Kalk und härtet zu einer stabilen Masse aus, die sowohl lärmdämmend als auch isolierend wirkt. Die versteinerte Hanfsubstanz behält einen Teil ihrer Flexibilität bei und wiegt im trockenen Zustand nur ein Siebtel des konventionellen Betons. Ein Hektar Hanf ergibt etwa 60 Kubikmeter Isochanvre – eine Menge, die zum Bauen und Dämmen eines 135 Quadratmeter großen Hauses ausreicht. Das Baumaterial kostet zur Zeit etwa 300 DM pro Kubikmeter und der Dämmstoff 380 DM. Das entspricht rund 20 000 DM für das ganze Haus. Der Preis würde sich noch weiter reduzieren, wenn Chènevotte Habitat den Hanf selbst anbauen oder andere Unternehmen damit beauftragen könnte, doch das staatliche französische Monopol verhindert dies.

In Deutschland, wo der Hanfanbau erst seit Frühjahr 1996 gestattet ist, werden importierte Stengel für lockere Unterböden verwendet. Das asphaltähnliche Material ist leicht klebrig und paßt sich unter Druck den Konturen der darunterliegenden Oberfläche sehr gut an. So entsteht bei der Fertigbearbeitung des Bodens ein gedämmter, ebener Untergrund.

Das große Potential zur Herstellung von Kunststoffen durch eine Kombination von Hanffasern und Extrusionstechniken ist noch wenig erforscht. Greenhouse, eine Firma mit Sitz in Frankfurt, verwendet die Kurzfasern des Hanfstengels, um ein starkes, plastikähnliches Mischmaterial herzustellen, das biologisch abbaubar ist. Das Unternehmen plant zudem, unter Hinzugabe einer Dichtungsmasse Cannabis-Skateboards zu produzieren. Die Quelle für eine solche Dichtungsmasse ist das Öl aus Hanfsamen, das für vielfältige Oberflächen polymerisiert oder zu Polyurethan verarbeitet werden kann. Bei Außenarbeiten läßt sich das Öl ebenfalls für verformbare Produkte verwenden, vom Schaumstoff bis hin zu Polybeton, einem Material, das doppelt so widerstandsfähig wie konventioneller Beton ist, und dazu schwach flexibel. Auch für Kunststoffrohre kommt Hanf in Frage.

■ Hanföl für Kosmetik und als Nahrungsmittel

Eine weitere nützliche und potentiell gewinnbringende Komponente des Hanfs ist sein Samen. Bis in die dreißiger Jahre hinein wurde Hanföl in den

Hautcreme aus Hanföl – eines der gesündesten Öle überhaupt. (Foto mit freundlicher Genehmigung von Dupetit Natural.)

USA als Lampenöl, als Trockenöl in Farben und als Holzlasur verwendet. Druckertinten waren ein weiteres Einsatzgebiet. Mindestens ein Verlag hat mit einer Hanf-Soja-Tinte auf Hanfpapier gedruckt.

Das Öl liefert außerdem einen ausgezeichneten Weichmacher für Haut und Haar, so daß sich der Kosmetikindustrie die Möglichkeit eröffnet, Massageöle, Salben, Lippenbalsam, Körpercreme, Shampoo und Cremespülungen aus Hanfsamen zu gewinnen.

Parfum aus Hanföl. (Foto mit freundlicher Genehmigung von Dupetit Natural.)

Pflege für Haut und Haar aus Hanf.

Haut- und Lippenpflege aus Hanf.

Gesundheitsexperten fordern schon seit Jahrzehnten die Verwendung ungesättigter Fette in unserer Ernährung. Sie befürworten speziell diejenigen Fettsäuren, die als Linolsäure (LS- oder Omega 6-Fettsäure) und Linolensäure (LNS- oder Omega 3-Fettsäure) bezeichnet werden. Hanfsamen sind Schatzkammern dieser Nährstoffe. Sie enthalten mindestens 30 Prozent Öl (und zwar vorwiegend LS und LNS) in dem besonders günstigen Verhältnis drei zu eins. Mit der Produktion von Leinöl – einem vergleichbaren Produkt – macht der betreffende Industriezweig jährlich sechs Millionen Dollar Umsatz. Zur Zeit ist Hanföl noch zwei- bis dreimal so teuer wie Leinöl, hat aber aufgrund seines besseren Geschmacks mehr Anwendungsmöglichkeiten, beispielsweise als Hanfkäse oder Hanf-Burger. Einige Marktexperten sind der Meinung, daß Hanföl so preiswert wie Maisöl sein könnte, wenn Hanf vor Ort angebaut würde und nicht importiert werden müßte.

■ *Hanf für die Zukunft*

Die heute auf dem Markt erhältlichen Produkte demonstrieren bisher nur ansatzweise das Potential von Hanf als nützlichen Papier-, Faser-, Nahrungs- und Brennstofflieferanten sowie als Grundlage für unzählige andere Produkte. Durch Hanfanbau könnten kahlgeschlagene und mit Schwermetallen belastete Regionen wieder urbar gemacht werden. Der Hanfanbau wurde gerade zu der Zeit verboten, als man die für das Industriezeitalter notwendigen Maschinen entwickelte, deshalb ergab sich nie die Möglichkeit, die Pflanze in der modernen Zeit als natürliche Ressource zu nutzen.

Einige Industrielle betrachten die Hanfprodukte kritisch als eine vorübergehende Modeerscheinung auf dem Markt. Sie sorgen sich, daß die Hanfindustrie durch die Konzentration auf Modeartikel anstelle stärker benötigter Gebrauchsgegenstände wie Papier oder Baustoffe zu einer »Eintagsfliege« werden könnte. Einige Mitglieder der amerikanischen Hanfindustrie wurden auch dafür kritisiert, daß sie die wirtschaftliche Nutzung von Hanf an die Frage der Legalisierung von Marihuana binden. Viele auf dem Markt befindliche Produkte sind mit einem »Cannabis«-Blatt versehen, das zahlreiche Menschen mit dem Rauschmittel in Verbindung bringen. Andererseits waren die Kontroversen um die Pflanze für die Hanfindustrie auch von Vorteil, da das Interesse der Öffentlichkeit für die Produkte geweckt wurde. Dennoch wird immer häufiger darüber gestritten, ob die ständige Verknüpfung der beiden Probleme den Wiederaufbau der gewerblichen Hanfnutzung nicht verlangsamt oder ihm sogar im Wege steht.

Das größte Interesse vieler Hanfaktivisten gilt jedoch den ökologischen Fragen und den wirtschaftlichen Argumenten. Dennoch bleibt zu befürchten, daß in den USA die Entwicklung sauberer, grüner Technologien erst dann vorangetrieben wird, wenn der Krieg gegen die Drogen eingestellt ist – denn gerade die mit der Drogenbekämpfung beschäftigten Bürokraten bringen die Problematik immer wieder durcheinander. Nur durch ein besseres Verständnis der Beziehung des Menschen zu pflanzlichen Halluzinogenen läßt sich die tolerante und vernünftige Atmosphäre schaffen, in der die Hanfindustrie blühen kann.

Während die Länder Europas, Kanada, China und die GUS-Staaten neue Hanfsamensorten züchten und neuartige Technologien und Märkte entwickeln, sind amerikanische Politiker nicht bereit, Toleranz zu zeigen. Dennoch wird die Lobby für den industriellen Hanfanbau von Tag zu Tag stärker, sie umfaßt Farmer, Industrielle sowie begeisterte Jungunternehmer. Das US-Landwirtschaftsministerium züchtete zu Beginn des 20. Jahrhun-

Hanföl – ein besonders gesundes Speiseöl.

derts Samensorten, die seinen Berichten zufolge größere Erträge ermöglichten als andere Sorten auf der Welt. Es ist sicher nur eine Frage der Zeit, bis die USA Hanf ebenfalls nutzen werden, eine Pflanze, die laut Thomas Jefferson, »von höchster Notwendigkeit … für das Wohlergehen und den Schutz des Landes« ist.

Ellen Komp und Chris Conrad

Hanfanbau:
Ein Segen für die Umwelt

Stellen Sie sich vor, Sie hätten die Verantwortung und die Befugnisse einer Regierung. Sie steuern einen technologischen Güterzug, der sich selbständig gemacht hat und jetzt auf den Abgrund des Umweltkollapses zufährt. Immer mehr Wissenschaftler schlagen Alarm: Die Nutzung fossiler Energien verursacht zunehmend Umweltverschmutzung und sauren Regen. Die Wälder verschwinden mit alarmierender Geschwindigkeit, um der Bau- und Papierindustrie zu dienen, es bleiben riesige Flächen erosionsanfälligen Erdreichs zurück. Das noch vorhandene Ackerland ist mit Pestiziden verseucht und so stark überbeansprucht, daß die Landwirte bis zum Vierzigfachen der Düngemittel einsetzen müssen, die für denselben Ertrag vor hundert Jahren nötig waren. Außerdem trägt das abfließende und versickernde Wasser dieser Felder zur Belastung des Grundwassers bei.

Sie stecken offensichtlich in großen Schwierigkeiten.

Sie brauchen eine neue Industrie, die die heute von fossilen Energien und Waldrodung erfüllten Bedürfnisse befriedigt; eine Industrie, die ökologisch funktioniert, ohne Erde, Luft oder Wasser zu verschmutzen; eine Industrie, die unabhängig und örtlich begrenzt ist und andere Länder weder ausnutzt noch von ihnen abhängig ist. Diese Industrie müßte die Menschen beschäftigen, die bisher in der petrochemischen, in der Holz- und Baumwollindustrie tätig waren.

Stellen Sie sich vor, es gäbe eine Pflanze, die alle Anforderungen auf wunderbare Weise erfüllt. Würden Sie in solch einem Fall nicht schnell Programme verabschieden, um die Kultivierung dieser Pflanze und die damit verbundene Industrie zu unterstützen?

Doch genau das tat zum Beispiel die amerikanische Regierung nicht, statt dessen stellte sie den Anbau der Pflanze unter Strafe.

Bei der hier beschriebenen Pflanze handelt es sich natürlich um den Hanf, *Cannabis sativa*. Doch die Situation trifft nicht allein auf die Vereinigten Staaten zu. Jede Industrienation steht vor großen Umweltproblemen und verfügt über die potentielle Lösung in Form von Hanf. In den USA ist jeglicher Anbau illegal, selbst wenn der Hanf keine oder nur sehr geringe Mengen der psychisch wirkenden Chemikalie THC enthält. Der Umweltaktivist Andy Kerr beschrieb die THC-arme Art des Hanfs mit den Worten: »Eher werden Ihre Lungen versagen, als daß Sie durch das Rauchen von Nutzhanf ›high‹ werden.«[1] Warum die US-Regierung nicht zwischen gewerblichem Hanf und psychisch wirksamem Marihuana unterscheidet, während in vielen anderen Ländern bereits Hanf angebaut wird, ist eine provozierende Frage. Doch wenn die Theorie gilt, daß erst die große Mehrheit aller Bürger ein Problem verstehen muß, bevor die Regierung es tut, dann wird klar, daß der erste Schritt nur über eine gezielte Informationspolitik führt.

■ *Hanf: Ein nachwachsender Rohstoff*

Zwar ist ewiges Wachstum eines der zentralen Konzepte der Industrieländer und ihrer Wirtschaft, doch sind die natürlichen Ressourcen nunmal begrenzt. Wir haben im Grunde ein riesiges »Sparguthaben« an natürlichen Reichtümern geerbt, das über Jahrtausende hinweg entstanden ist. Von diesem Sparguthaben fallen jedes Jahr nur eine gewisse Menge »Zinsen« ab, und wenn wir zuviel verbrauchen, ohne neue Reichtümer anzusparen, greifen wir das Kapital an. Machen wir so weiter, werden wir eines Tages feststellen, daß unser Planet bankrott ist.

In der Vergangenheit gingen die Bauern sorgsam mit dem Land um, denn sie waren davon abhängig. Oft befand es sich bereits seit langer Zeit im Familienbesitz, und sie bewahrten ihren Boden für zukünftige Generationen, indem sie ihn nährten, statt ihn auszubeuten. Diese schonende Landwirtschaft endete zum größten Teil mit der Modernisierung der Höfe und der Industrie. Als die Menschen das Land verließen, gab es für sie keinen Anreiz mehr, ihre Umwelt zu schonen, und es setzte eine unglaubliche Verschwendung der natürlichen Ressourcen ein, die bis auf den heutigen Tag anhält. Unser Kapital wird jeden Tag weniger, und der Bedarf an einer rücksichtsvollen Landwirtschaft immer größer.

Für eine solche Landwirtschaft ist eine umfassende Wiederbelebung des traditionellen Fruchtfolgesystems mit modernen Geräten und Methoden bei Ernte und Weiterverarbeitung nötig. Hanf ist zweifellos der ideale Kandidat für diesen Zweck.

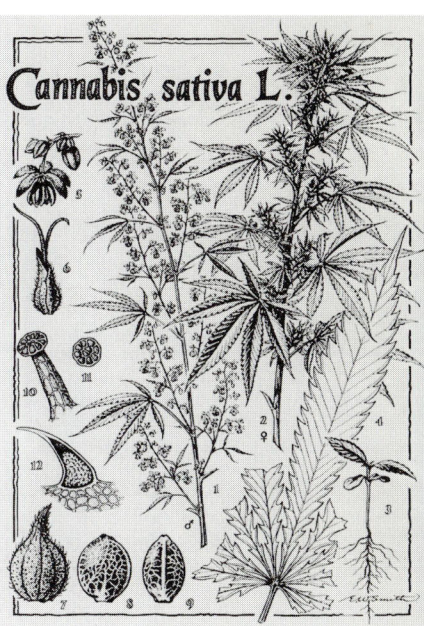

(1) Spitze der männlichen Pflanze, in Blüte, (2) Spitze der fruchttragenden weiblichen Pflanze, (3) Sämling, (4) Einzelblatt vom großen elfteiligen Blatt, (5) Teil eines Blütenstandes mit Knospen und reifer männlicher Blüte, (6) weibliche Blüten mit Narben, die aus dem haarigen Deckblatt herausragen, (7) Frucht, von haarigem Deckblatt umschlossen, (8) Frucht, Seitenansicht, (9) Frucht, Kantenansicht, (10) Drüsenhaar mit vielzelligem Stengel, (11) Drüsenhaar mit kurzem, einzelligem, nicht sichtbarem Stengel, (12) nichtdrüsiges Haar mit einem Zystolithen. Zeichnung von E. W. Smith.

Die Pflanze ist biologisch leicht abbaubar, deshalb gibt es keine Probleme bei der Abfallbeseitigung; sie braucht im Vergleich zu anderen Faserpflanzen nur kleine Mengen Dünger, und da sie wenige natürliche Feinde hat, muß sie kaum oder gar nicht mit Pestiziden behandelt werden.

Fast jeder Teil der Hanfpflanze kann industriell verwertet werden: der kornartige Samen, die starke Faser und die robusten Schäben, Bruchstücke des hölzernen Stengels. Hanf braucht zudem nicht viel Pflege und wächst in den meisten Klimaregionen, er laugt den Boden nicht aus, und die tiefen Wurzeln beugen der Bodenerosion vor. Der Ernteertrag bei den Fasern ist viermal so hoch wie bei Bäumen, zudem absorbiert die Pflanze Schwermetalle aus dem Boden, so daß die Erde langsam gereinigt wird. Der schnellwüchsige Hanf sorgt für seine eigene Mulche; durch den Schattenwurf wird das Wachstum von Unkraut behindert, so daß der Einsatz teurer Herbizide häufig ganz entfällt. Abhängig von Klima und Sorte erntet man pro Hektar fünf bis zwanzig Tonnen trockene Stiele. Nach der Ernte ist das Feld für die nächste Frucht praktisch unkrautfrei. Ökobauern können ihre Hanffelder mit Kompost, Dung und Biofeststoffen düngen und in Fruchtfolge mit dem Hanf stickstoffbindende Feldfrüchte wie Erbsen, Bohnen oder Klee anbauen. Hanfspitzen und -blätter, die auf dem Feld untergegraben werden, machen den Boden fruchtbarer. Hanf dient der Umwelt und der Landwirtschaft und bietet gleichzeitig eine immer nachwachsende alternative Quelle für Papier, Textilien und andere Zwecke.

Wolf im Schafspelz: Die Baumwolle

Ein großer Teil des Grundwassers, das in landwirtschaftlichen Gebieten weltweit untersucht wurde, ist durch Abwässer, die Pestizide und Düngemittel enthalten, verseucht. Die potentiellen Gesundheitsrisiken durch Pestizide sind nicht nur auf das Tierreich beschränkt. Tom Mount berichtet in seinem Buch *World Medicine*, daß »Farmer im Getreidegürtel die höchste Rate an Todesfällen durch Leukämie, Prostatakrebs und Bauchspeicheldrüsenkrebs aufweisen«, was auf die »Einführung von chlorierten Kohlenwasserstoff-Pestiziden im Jahr 1945« zurückzuführen sei. Die Farmer vertrauten den Behauptungen der Chemieunternehmen, daß die Pestizide den Menschen nicht schaden.

> *Ein großer Anteil der Textilfasern wird zur Zeit aus Baumwollpflanzen gewonnen. Kein Problem? Hier einige Nachteile:*
> - *Das **Wall Street Journal** berichtete, daß viele asiatische Baumwollpflanzer bis zum Siebenfachen der empfohlenen Menge Pestizide auf ihren Feldern verwenden.*
> - *In den Vereinigten Staaten werden etwa die Hälfte der heute eingesetzten Pestizide zum Besprühen der Baumwollpflanzen verwendet.*
> - *1993 wurden weltweit 250000 Tonnen Pestizide für den Baumwollanbau eingesetzt. Diese Pestizide werden in Bäche und Flüsse gespült, in denen sie die Ökosysteme zerstören und die Wasservorräte des Menschen vergiften.*
> - *In der Juniausgabe des Jahres 1994 heißt es im **National Geographic**, daß »allein in Kalifornien etwa 6000 Tonnen Pestizide und Entlaubungsmittel in einem einzigen Jahr zur Behandlung der Baumwollpflanzen verwendet werden«.*

Die Königin beim Pestizideinsatz ist die Baumwolle. Baumwolle läßt sich vielseitig verwenden und leicht verspinnen, aber die beim Anbau entstehenden Umweltkosten sind nicht zu berechnen. Baumwolle wird weltweit auf drei Prozent des besten Ackerlandes angebaut, aber mit rund 25 Prozent der Pestizide behandelt. Sie ist eine anspruchsvolle Pflanze, die stark bewässert werden muß, sehr viel Dünger braucht und dem Boden alle Nährstoffe entzieht. Trotzdem wird sie in vielen Entwicklungsländern angebaut, die unbedingt Geld benötigen, um ihre internationalen Schulden abzuzahlen. Darüber wird der Anbau von Getreide zur Ernährung vernachlässigt, die Menschen hungern, und die natürlichen Ressourcen der Länder werden zerstört. Die in Rußland im großen Umfang um den Aralsee herum betriebene Baumwollmonokultur ließ den See stark schrumpfen, da Wasser aus den Zuflüssen abgezweigt wurde. Dementsprechend hat sich das regionale Klima verändert. Viele Lebensformen sind in dieser Region bereits ausgestorben, die Bevölkerung leidet unter Mangelernährung, und ungewöhnlich viele Kinder kommen mit Geburtsschäden zur Welt. Die gleichen Phänomene kann man in anderen Gebieten in Afrika, Indien sowie Nord- und Südamerika beobachten.[2]

Eine Alternative, die unsere Wälder schont

Die Abholzung der Wälder ist langfristig gesehen vielleicht die größte Bedrohung für die Gesundheit unseres Planeten. Jedes Jahr sterben Tausende von Tier- und Pflanzenarten aus, was zum größten Teil auf die Zerstörung von rund 120 Millionen Hektar Wald in den letzten zehn Jahren zurückzuführen ist. Allein in Nordamerika gingen 97 Prozent der natürlichen Wälder verloren, die die europäischen Siedler noch im 17. Jahrhundert begrüßten.[3] Wälder spielen darüber hinaus auch eine wichtige Rolle beim Erhalt des Mutterbodens, weiterhin reichern sie unsere Luft mit Sauerstoff an und entziehen ihr Kohlendioxid. Wenn unsere

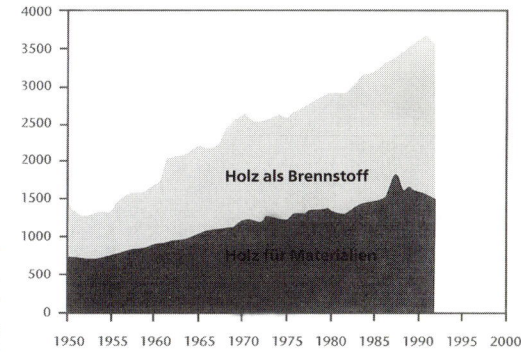

Der weltweite Holzverbrauch 1950–1991. (Grafik mit freundlicher Genehmigung des Worldwatch Institute.)

Wälder verschwinden, droht das komplexe Ökogefüge der Erde zusammenzubrechen.

Unsere Nachfrage nach Produkten, für die heute Holz verwendet wird – hauptsächlich Papier, Bau- und Brennstoff –, steigt ständig. Die USA verbrauchen nach Gewicht soviel Holz wie Metalle, Kunststoffe und Beton zusammen. Etwa 40 Prozent der gefällten Bäume dienen zur Herstellung von Papierprodukten. Manche Papierhersteller lassen schnellwachsende Eukalyptusbäume anpflanzen, nachdem das Land gerodet wurde, und bezeichnen dies als Aufforstung. Die herabfallenden Eukalyptusblätter, die Zyankali enthalten, vergiften den Boden, so daß dort nach dem Abschlagen der Bäume jahrelang nichts mehr wachsen kann. Die Aufforstungspraktiken sind häufig nur ein armseliger Ersatz für natürliche Wälder, weil die biologische Vielfalt zerstört wird. Die Populationen wildlebender Tiere sind in aufgeforsteten Wäldern viel kleiner als in den ursprünglichen. Dies alles zeigt, wie wichtig es ist, daß wir zu schnell nachwachsenden Fasern übergehen, die die Aufgabe von Holz übernehmen können.

Hanf statt Holz: In der Bauindustrie überwiegen die Vorteile

Wie jeder Liebhaber antiker Möbel oder alter Häuser Ihnen bestätigen wird, weist Holz heute kaum noch eine vergleichbare Qualität zu früher auf. Dies ist einfach eine Folge der Zeit: die 300 Jahre alten Bäume, die früher abgeholzt wurden, waren durch den Wettbewerb der Pflanzen untereinander stark und kräftig; sie konnten aufgrund der Konkurrenz um Licht und Wasser immer nur ein kleines Stück wachsen, deshalb war ihr Holz dicht. Im Vergleich zu diesen alten Bäumen ist eine zwölfjährige Fichte in einer Baumschule kaum mehr als ein besseres Unkraut; sie kann zwar sehr schnell sehr hoch wachsen, doch ihr Holz ist schwach.

◼ *Die Hanfschäben*

Die gebrochenen Teile des hölzernen Hanfstengels werden »Schäben« genannt. Sie sind ein wertvoller Rohstoff mit vielen Einsatzmöglichkeiten, u.a. als Papierzellstoff, Faserplatten, Isoliermaterial, Hohlraumziegel, Faservlies, Biofilter und Tierstroh. Die Schäben absorbieren 50 Prozent besser als Holzchips und zerfallen schnell im Komposthaufen. ◼

Da Bauholz immer rarer wird, werden in der Holzindustrie mittlerweile Stimmen laut, die es nur noch dann einsetzen wollen, wenn man es direkt sehen oder berühren kann. Ansonsten soll ein alternatives Produkt genutzt werden. Daher ist die Verbundplatten-Industrie zu einem der am schnellsten wachsenden Segmente der holzverarbeitenden Industrie geworden. Bei Verbundplatten handelt es sich um Fasermaterial, das mit Harzen zusammengehalten wird. Wenn sie aus Holzresten hergestellt werden, sind die Bretter relativ schwach, da die einzelnen Holzfasern bestenfalls zwei Zentimeter lang sind. Sie können nur dort eingesetzt werden, wo keine hohe Tragfähigkeit erforderlich ist. Die festen und langen Hanffasern dagegen eröffnen der Verbundplatten-Industrie ganz neue Möglichkeiten.

Die Hauptbestandteile des Hanfstengels sind die langen primären Bastfasern, die kürzeren sekundären Fasern (Werg) sowie Zellulose, Hemizellulose und Lignin. All diese Komponenten spielen im Produktionszyklus eine bestimmte Rolle. Die äußere Faser enthält 60 bis 78 Prozent Zellulose, während die Schäben zu 36 bis 41 Prozent aus Zellulose und zu 31 bis 37 Prozent aus Hemizellulose bestehen. Fasern, die vorwiegend aus dem äußeren Bast stammen, verleihen der Verbundplatte aus Hanf Stärke und Form, Zellulose aus Werg und die Schäben stellen ihren Hauptbestandteil. Lignin kann extrahiert und als Harzbindemittel eingesetzt werden, um konventionelle Bindemittel mit Formaldehyd zu ersetzen.

Der Vorteil der Verbundplatten auf Hanf- gegenüber denen auf Holzbasis ist eine höhere Resistenz gegen Pilze, Nagetiere, Termiten und andere Schädlinge sowie gegen Feuer. Und: Richtig gerösteter und aufgeschichteter Hanf kann mehrere Jahre lang gelagert werden, ohne daß ein nennenswerter Verfall einsetzt, so daß die Produzenten bei Marktschwankungen flexibel reagieren können.

Hanfpapier

Bereits vor etwa 2000 Jahren wurde Hanfpapier von den Chinesen erfunden. Hanftextilien galten als wichtige Quelle für Papier aus Lumpen. In diesem Zusammenhang ereignete sich nach dem Zweiten Weltkrieg ein makabrer Fall: Damals kaufte der britische Papierhersteller Robert Fletcher and Sons die Sträflingskleidung aus den Konzentrationslagern, soweit sie aus Hanf bestand.

Das geschätzte Volumen der Weltproduktion beträgt etwa 120 000 Tonnen Zellstoff aus Hanffasern pro Jahr. Im Vergleich dazu produziert eine einzelne holzverarbeitende Zellstoffabrik mindestens 250 000 Tonnen pro Jahr. Der größte Teil des Hanffaser-Zellstoffs wird zu Zigarettenpapier, Filterpapier, Teebeuteln, Papieren für den Künstlerbedarf und Papiergeld verarbeitet.

Obwohl der Fasergehalt von Cannabis den meisten anderen holzfreien Quellen für Papierzellstoff (beispielsweise Bagasse, Flachs, Jute, Bambus und Getreidestroh[4]) entspricht oder höher ist, unterscheiden sich die Eigenschaften von Hanffasern von denen anderer Zellstoffmaterialien und machen daher besondere Verfahren und Geräte zum Verarbeiten erforderlich.

Im März 1994 wurde in Frankfurt/Main die Entwicklung eines Verfahrens zur Zellstoffherstellung über einen geschlossenen Ammoniak-Sulfit-Alkohol-Kreislauf (ASA) beendet, das die Produktion von Hanfzellstoff ohne Umweltverschmutzung ermöglicht. (Zuvor waren bis zu vier Chlorierungen nötig, um das Lignin aus der Hanfzellulose zu entfernen.) Alkohol, Wasser und die Nebenprodukte aus diesem Prozeß können zur Wiederverar-

Diverse Schreibpapiere, hergestellt aus Hanf.

Hanfpapier.

beitung oder für andere Anwendungen zurückgewonnen werden. Das schonende ASA-Zellstoffverfahren ermöglicht die Trennung des Bastfaserzellstoffs in lange Fasern mit geringem und kurze Fasern mit hohem Ligningehalt. Weiterhin läßt sich Hanfzellstoff aus Schäben herstellen, der die Qualität von Holzzellstoff erreicht, aber 15 Prozent heller und sehr viel ertragreicher ist. Bei einer anderen technischen Entwicklung zur Herstellung von

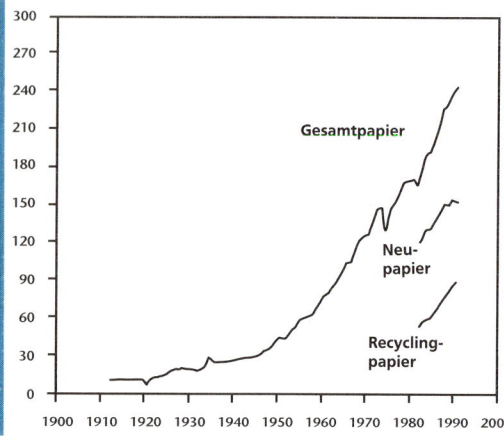

Der weltweite Papierverbrauch 1913–1991, und der Recyclingpapier-Verbrauch 1983–1991. (Grafik mit freundlicher Genehmigung des Worldwatch Institute.)

Hanfzellstoff, die aus den Niederlanden stammt, werden Scherkräfte, kleine Mengen Alkali und Katalysatoren eingesetzt, um mehr als 75 Prozent des harten Lignins aus den Hanffasern zu entfernen. (Mit den konventionellen chemischen Methoden werden nur etwa 50 Prozent des Lignins entfernt.) Dieses chemisch-mechanische Zellstoffverfahren machen die Herstellung von Hanfpapier wahrscheinlich deutlich günstiger als die aus Holz.[5]

Zwar ist Hanf nicht die einzige holzfreie Faserquelle, aber die beste. Bei Flachs, der gut in gemäßigten Klimazonen wächst und einen Zellulosegehalt aufweist, der dem des Hanfs ähnelt, liegt der Ertrag pro Hektar um fast die Hälfte niedriger als beim Hanf. Zudem ist für den Flachsanbau eine sorgfältige Vorbereitung des Bodens nötig. Die asiatische Ramie erzielt auf gut drainiertem Land zwar bessere Ergebnisse als der Flachs, doch reagiert sie sehr empfindlich auf trockene Hitzeperioden oder Kältewellen. Jute bringt einen dem Hanf vergleichbaren Ertrag, braucht aber ein warmes, feuchtes Klima, einen fruchtbaren Boden und viel Regen während der Wachstumsperiode. Zur Papierherstellung ist sie weniger gut geeignet, da sie sich nicht besonders gut bleichen läßt und die gebleichten Fasern sich leichter zersetzen. Jute ist preiswert und reichlich vorhanden, unter den wichtigen Textilfasern gilt sie jedoch als schwächste und anfälligste.

Nach jahrzehntelangen Forschungen kam das amerikanische Landwirtschaftsministerium zu dem Schluß, daß der Kenaf oder Dekkanhanf (*Hibiscus cannabinus*) die beste Faser zur Papierherstellung liefert. Sein Ertrag ist jedoch in kühlen Klimazonen gering; er kann im großen Umfang nur in Ländern angebaut werden, in denen es fast das ganze Jahr über warm ist – wie in den Südstaaten der USA (Neu-Mexiko, Texas, Kalifornien und Louisiana). Im Vergleich zu seiner Konkurrenz wächst Hanf in vielen Regionen und benötigt die geringste Menge an Düngemitteln, Insektiziden, Herbiziden und Pflege. Aus diesem Grund ist er sowohl für Klein- als auch für Großbetriebe ideal geeignet.[6]

■ Hanf als Energiequelle

Der Einsatz von Nutzhanf als Energiequelle hat die meisten Debatten ausgelöst.

Obwohl Hanf fraglos bereits seit Jahrhunderten als Energielieferant genutzt wird, konzentrieren sich die aktuellen Diskussionen auf sein Potential als »Kraftstoff-Pflanze«. Um die Situation zu verstehen, müssen wir uns zuerst mit den technischen Problemen befassen und dann die Anwendungsmöglichkeiten und den ökonomischen Umfang des Hanfs näher betrachten.

Im Grunde kann jede Pflanze oder organische Materie (Biomasse) als Brennstoff genutzt werden. Brennstoffe aus Pflanzenmaterie werden als Biobrennstoffe bezeichnet. In einer Untersuchung der Universität von Hawaii aus dem Jahr 1990 heißt es, daß die Biomasse-Verbrennung bis zu 90 Prozent des Energiebedarfs des Staates abdecken könne.[7] Biobrennstoffe haben mehrere bedeutsame Vorteile gegenüber fossilen Brennstoffen:[8]

Pflanzen enthalten kaum Schwefel oder andere Giftstoffe, wie man sie vor allem in Erdöl findet und die bei ihrer Verbrennung die Luft verschmutzen. Schwefel ist ein Hauptbestandteil des sauren Regens.

Regional angebaute Feldfrüchte können als Brennstoff genutzt werden. So wird Energie allgemein zugänglicher, man schafft Arbeitsplätze vor Ort und fördert die regionale wirtschaftliche Autonomie.

Pflanzen wandeln mit Hilfe eines chemischen Prozesses (Photosynthese) Wasser und Kohlendioxid (CO_2) in Kohlenhydrate und Sauerstoff um. Gleichzeitig entsteht CO_2 beim Verbrennungsprozeß, das aber durch die nachwachsende Biomasse in hohem Maße wieder in einer Brennstoffquelle gebunden wird. Dadurch wird die Atmosphäre gereinigt und der Treibhauseffekt abgeschwächt.

Für das Ernten von Pflanzen sind weder Bergbau, Tagebau noch Bohrungen erforderlich. Umweltverschmutzungen durch Öl werden drastisch vermindert.

Feldpflanzen sind *nachwachsende* Energiequellen; sie werden jedes Jahr durch eine neue Ernte ersetzt oder ergänzt und nicht langsam aufgebraucht wie die fossilen Brennstoffe.

Es ist möglich, landwirtschaftliche, industrielle und städtische Abfallprodukte als Rohmaterial für Brennstoffe zu verwerten, so daß feste Abfälle, die normalerweise ein Entsorgungsproblem darstellen, reduziert werden.

Nachteile der Biobrennstoffe:

Die jährlichen Ernten werden in einem bestimmten Zeitraum und nicht das ganze Jahr über eingefahren.

Biomasse ist relativ unförmig, so daß eine Verdichtung nötig ist und Lager- und Frachtkosten erhöht werden.

Man müßte eine beträchtliche Kapitalmenge in die Entwicklung von Verbrennungsanlagen investieren.

Für Pflanzen sind zusätzliche Verarbeitungsprozesse nötig, um sie in denselben Zustand wie fossile Brennstoffe zu bringen.

Doch insgesamt betrachtet, überwiegen die Vorteile der Biobrennstoffe ihre Nachteile bei weitem. Wenn die Futterpflanzen erst einmal zu Brennstoff verarbeitet wurden, kann der Transport mit dem bereits vorhandenen Verteilernetz erfolgen: Tanker, Lastwagen, Pipelines, Lagertanks und so weiter.

Vom ökologischen Standpunkt her verspricht der Einsatz von Biobrennstoffen einen beträchtlichen ökonomischen Gewinn, da Probebohrungen, Gewinnung, Verarbeitung und Transport fossiler Energieträger entfallen und am Ende ein Kraftstoff steht, der sauberer verbrennt. Der scheinbare Preisvorteil der fossilen Brennstoffe hat eine einfache Ursache: Die Kosten für die Reparatur von Umweltschäden werden ignoriert. Warum? Weil die petrochemische Industrie genau weiß, daß diese unermeßlich hoch wären. Ihre Verbündeten in den Regierungen lassen dies einfach zu. Zudem werden in den Vereinigten Staaten die Kosten der militärischen Verteidigung von Ölfeldern bei der Gleichung ausgeschlossen, und gleichzeitig erhalten diese Unternehmen große Steuervorteile in Form von Zulagen für die Erdölförderung auf privatem Grund und subventionierten Zugang zu Energiereserven in öffentlichem Besitz.

Da sich jedoch die Verfügbarkeit und Qualität der fossilen Brennstoffe in den kommenden Jahren verschlechtern wird, ist abzusehen, daß die Energiekosten steigen. Erfahren die Steuerzahler mehr über die an multinationale Energieunternehmen verteilten Leistungen, wird sich der Druck auf die Regierung erhöhen.

1992 berichtete General Electric nach Studien in einer Pilotanlage, die ursprünglich zur Umwandlung von Kohle in Gas dienen sollte, daß Biomasse eine erwägenswerte Brennstoffquelle ist. Die Forscher stellten fest, daß holzige Biomasse etwa den halben Wärmewert derselben Gewichtsmenge Kohle und ein Sechstel Wärmewert von Gas hat, aber sie vermuteten, daß die tatsächlichen Kosten von Elektrizität aus Biobrennstoffen aufgrund der Ersparnisse bei den Kontrollsystemen für Umweltverschmutzung niedriger sein würden. Der GE-Analytiker Gene Kimura gab jedoch zu bedenken, daß Biobrennstoffe aufgrund der globalen Abholzung nur im Zusammenhang mit »irgendeiner Art von Waldpflege« politisch eine Lebenschance hätten.

Warum läßt man die Wälder nicht von Anfang an aus dieser Gleichung heraus und verwendet die jährliche Ernte der Landwirtschaft als Biobrennstoff? In diesem Fall ist Hanf die beste Option. Die Pflanze hat zwei Hauptquellen für Biobrennstoffe: das Samenöl und die Stengel.

Hanföl als Brennstoff

Pflanzenöle übertreffen Erdöl in mehrfacher Hinsicht. Hanfsamen liefern eines der besten Öle überhaupt und lassen sich zudem leicht in Dieselbrennstoff umwandeln. Da es nicht für den menschlichen Verzehr gedacht ist, kann sogar ranziges Öl verwendet werden. Chemische Extraktionsprozesse können den Gesamtölertrag auf bis zu 40 Prozent des Samenvolumens steigern. Früher verwendete man Hanföl verdünnt als Lampenöl, aber auch zum Kochen und Heizen.

Eine durchschnittliche Hanfsamenernte beläuft sich auf 1 bis 1,5 Tonnen pro Hektar, der Mittelwert liegt bei 1,25 Tonnen. Wenn 35 Prozent dieses Gewichts aus Öl bestehen, ergibt dies 0,44 Tonnen. Das heißt, der Ertrag eines Hektars entspräche etwa 440 Litern Hanföl (verglichen mit 550 Litern Sonnenblumenöl) sowie 800 kg Samenkuchen und mehreren Tonnen Stengelreste. (Ein Hektar Samenhanf produziert weniger Stengelgewicht und eine Faser von schlechterer Qualität als Faserhanf.)

Hanföl hat ähnliche Brenn- und Viskosewerte wie Heizöl zweiten Grades und ist um einiges dicker als chemisch behandelter Flüssigbrennstoff. Die Zugabe einer kleinen Menge Methanol ist von Vorteil: So entsteht ein sauerstoffangereicherter Premium-Flüssigbrennstoff mit ähnlichem Siedebereich und vergleichbarer Viskosität wie Dieseltreibstoff aus Erdöl. Ohne diese Anreicherung würde Hanföl – wie jedes andere Pflanzenöl – starke Ablagerungen an der Einspritzdüse verursachen. Mit Methanol angereichert, erzeugt diese hybridisierte Brennstoffquelle jedoch die volle Motorenleistung bei reduziertem Kohlenmonoxidausstoß und 75 Prozent weniger Ruß und Schadstoffausstoß.

Die entscheidende Frage ist hier jedoch nicht, ob es möglich ist, auf diese Weise Energie zu produzieren, sondern, ob andere Einsatzmöglichkeiten dieser Feldfrucht gewinnträchtiger sind. So sieht es zumindest zur Zeit so aus, daß der Wert von Samen und Öl als Nahrungsmittel und Schmierstoff erheblich höher liegt als von 440 Litern Brennstoff pro Hektar.

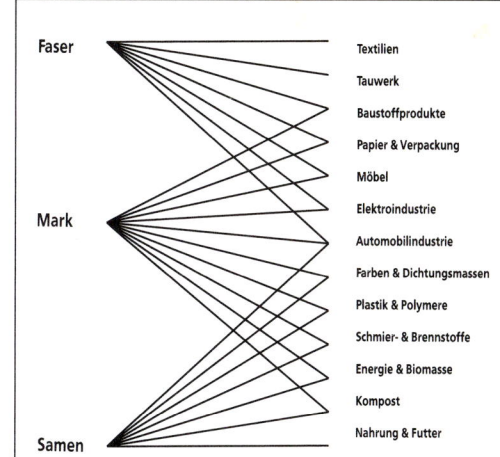

Die industrielle Verwendung von Hanf. (Grafik mit freundlicher Genehmigung von John Roulac.)

Hanfstengel zur Wärmeerzeugung

Der Hektarertrag für die Energienutzung erhöht sich stark, wenn man die Stengel als Brennstofflieferant mit einbezieht und nicht nur das Öl aus den Samen nutzt. Die hölzernen Stengel des Hanfs können entfernt und in Ballen oder Bündeln direkt zur Wärmeerzeugung und zum Antrieb von Boilern, die Elektrizität erzeugen, verbrannt werden. Zellulose und Hemizellulose lassen sich mit Hilfe von Enzymen oder Bakterien in Stärke zerlegen, die dann wiederum zu Alkoholbrennstoff fermentiert oder zu Methanol, Ethanol oder Methangas aufgelöst werden kann. Wie bereits im alten Ägypten können durch die Pyrolyse Holzkohle, nichtkondensierbare Gase, Essigsäure, Aceton, Methanol und kondensierbare organische Flüssigkeiten (pyrolytisches Heizöl) erzeugt werden. Die Technologie ist sowohl für die Produktion von Kleinstmengen als auch in Großanlagen einsetzbar.

Bei Trockenerträgen des Hanfs von 12,5 Tonnen Stengel pro Hektar könnte sein Anbau als Energielieferant für den US-Farmer ein gewinnbringendes Unternehmen sein. Dessen Bruttoeinkommen läge bei 750 Dollar pro Hektar und könnte deutlich höher sein, wenn er den Kraftstoff selbst nutzen würde statt ihn im Großhandel zu verkaufen, um anschließend im Einzelhandel Brennstoff einzukaufen.[9]

Aus diesen Gründen scheint die kooperative Entwicklung von kleinen bis mittelgroßen Umwandlungseinheiten für Biomasse angebracht. Die Landwirte würden rohen oder teilweise verarbeiteten Hanf dorthin bringen und im Austausch dafür Kraftstoff erhalten. Es müßte eine Schälanlage vorhanden sein, die den Hanf aufbereitet, sortiert und an die jeweiligen Endverbraucher ausgibt. Auf diese Weise könnten die Landwirte das maximale Gewinnpotential ausschöpfen, während die Hersteller gebrauchsfertiges Material erhalten.

■ *Hanffelder zur Energieversorgung*

Damit Hanf die Energie, die ein Land wie zum Beispiel die USA benötigt, vollständig oder zum größten Teil liefern kann, müßte er auf mehreren Millionen Hektar angebaut werden. Diese Einschätzung halten einige Wissenschaftler jedoch für falsch.[10] Andere sind der Meinung, daß nur etwa sechs Prozent der Landmasse (ohne Alaska) – das sind knapp über 46 Millionen Hektar – intensiv kultiviert werden müßten, um den Energiebedarf der USA zu decken.[11] Bezogen auf die landwirtschaftliche Nutzfläche heißt das, daß etwa 20 Prozent davon als Energiefarmen arbeiten müßten, um die jährlich benötigten Flüssigbrennstoffe zu liefern.

Diese Zahl würde durch die Energieumwandlung landwirtschaftlicher Nebenprodukte (beispielsweise Dung, Weizenstroh oder Käsemolke) und städtischer fester Abfälle zusätzlich leicht verringert (aus zwei Tonnen Verpackungsabfällen läßt sich etwa eine Tonne Heizöl produzieren, doch die Abfälle enthalten auch zusätzliche Giftstoffe, die entfernt werden müssen). Das Institute for Local Self-Reliance (Institut für regionale Selbstversorgung) schätzt, daß in den USA Jahr für Jahr 347,5 Millionen Tonnen Abfälle aus Biomaterial anfallen, die genutzt werden könnten. Dies entspräche einem Ertrag von etwa 28 Millionen Hektar Hanf.[12]

Selbst wenn man nur die Hälfte davon nutzen könnte, blieben immer noch etwa 32 Millionen Hektar Land, die jedes Jahr mit Hanf bepflanzt werden müßten. Etwa 15 Prozent des verfügbaren Ackerlandes werden heute aus der Produktion her-

ausgehalten und liegen brach, damit sich der Boden erholt. Hanf könnte hier angepflanzt werden, um den Boden wieder zu regenerieren oder um Unkraut und Krankheitserreger zu vernichten. Wenn rund zwei Drittel des Brachlandes zum Anbau für die Energiegewinnung genutzt würden, wären die USA in diesem Sektor von anderen Ländern weitgehend unabhängig.

Summa summarum läßt sich sagen, daß das beschriebene Szenario machbar wäre, den politischen Willen und die entsprechenden wirtschaftlichen Investitionen vorausgesetzt.

Werden ökologische Kriterien angewandt, scheint Hanf – global gesehen – die Biomassepflanze der Superlative zu sein.

Solche Kriterien fordern:
- Eliminierung aller chemischen Pestizide, Düngemittel und anderer Giftstoffe.
- Begrenzte Kultivierung mit natürlichen, organischen Verfahren.
- Einbeziehung sowohl von Randgebieten als auch von bestem Farmland.
- Einhaltung von Fruchtfolgen, um die Fruchtbarkeit des Bodens zu bewahren und Krankheitserreger zu kontrollieren.
- Einbeziehung des Wasserverbrauchs im Vergleich zum Ernteertrag.
- Einbeziehung aller Energiekosten, angefangen bei der Kultivierung bis hin zur Umwandlung.
- Erfassung aller Kosten für »Umweltreparaturen«, die mit der Energieproduktion in Beziehung stehen (beispielsweise Luftverschmutzung, Raubbau am Boden oder Chemieabwässer).[13]

■ *Das tatsächliche Potential*

Insgesamt scheint Hanf also ein gutes Potential als Ressource für Biobrennstoff aufzuweisen. In den meisten Fällen wird der Wert der Faser und Samen aber für andere Zwecke größer sein als ihr möglicher Energiewert. Doch Abfälle, die an einem Punkt der Produktionskette anfallen, könnten in Brennstoff umgewandelt werden, um die Kosten für den Energieeinkauf zu verringern.

Die Nutzung von Hanf als Brennstoff kann Energieunternehmen helfen, beträchtlich beim Einsatz von Geräten zur Kontrolle der Umweltverschmutzung zu sparen. Unternehmen, die bereits andere Brennstoffe verwenden, könnten Hanf (-abfälle) als jahreszeitliche Ergänzung einsetzen, um die Gesamtbetriebskosten zu reduzieren.

Hanfbiomasse wäre besonders wichtig für Entwicklungsländer und für Menschen in Regionen, in denen andere Energiequellen rar sind. Trotz aller Vorteile ist es unwahrscheinlich, daß Hanf oder ein anderer Energieträger global zur einzig verwendeten Energiequelle aufsteigt. Der Mensch wird sich für seinen Energiebedarf weiterhin auf vielfältige Ressourcen verlassen, einschließlich Energiesparmaßnahmen. Die Rolle des Hanfs unterliegt letztlich einer Vielfalt von regionalen und geopolitischen Faktoren, von denen sich viele erst allmählich herauskristallisieren.

■ *Der moderne Hanfanbau*

Zu Beginn des 20. Jahrhunderts förderte das amerikanische Landwirtschaftsministerium die inländische Hanfproduktion und veröffentlichte 1913 seinen klassischen Bericht »Hemp«, verfaßt von dem Botaniker Lyster H. Dewey.[14] Doch schon 1937 wurde die amerikanische Hanfindustrie durch das Gesetz zur Besteuerung von Marihuana praktisch zerstört. In Ländern wie China, Indien, Rußland, Ungarn und Frankreich dagegen wird Hanf wegen seiner Fasern weiterhin angebaut. Die Ernährungs- und Landwirtschaftsorganisation der UNO (FAO) berichtete, daß 1992 260 000 Hektar Hanf kultiviert wurden. Man entwickelte Sorten, die weniger als das gesetzliche Limit von 0,3 Prozent THC produzieren, so daß ein Fasermarkt ohne Gefährdung der Drogengesetze aufgebaut werden kann.[15]

Unterdessen gewinnt die französische Hanfindustrie unter der Schirmherrschaft einer Gruppe von Vereinigungen an Bedeutung: So befaßt sich die Féderation Nationale des Productions de Chanvre (FNPC) mit agronomischer Forschung, während sich das Comité Economique Agricole de la Production du Chanvre (CEAPC) und die Cooperative Centrale des Producteurs de Semences de Chanvre (CCPSC) um die Vermarktung der Hanfprodukte kümmern.

Großbritannien hat das Verbot der gewerblichen Hanfkultivierung im Februar 1993 aufgehoben, »um es britischen Landwirten zu ermöglichen, einen Anteil des Marktes zu erobern, der zur Zeit von unseren EG-Partnern besetzt ist«. Eine Koalition aus Landwirten pflanzte in Essex, East Anglia, sofort und mit Erfolg auf 600 Hektar THC-armen Hanf an. Es bestand nur die Auflage, daß die Felder von der Straße aus nicht einsehbar sein durften. Die

Faser wird regional vorwiegend als Strohunterlage für das Vieh eingesetzt, da das Material stark absorbiert und sich leicht kompostieren läßt. Überschüsse finden leicht Abnehmer in den Papierfabriken und unter ausländischen Händlern.

Seit dem Frühjahr 1996 ist auch in Deutschland der Anbau von Faserhanf nach den geltenden europäischen Richtlinien zum THC-Gehalt wieder erlaubt. Feldversuche der Bundesforschungsanstalt für Landwirtschaft (FAL) in Braunschweig haben gute Ergebnisse bei der Produktion von Fasern und Korn bzw. Öl erbracht. Anbauflächen stehen, vor allem in den neuen Bundesländern, zur Verfügung.[16]

Aus wissenschaftlicher Sicht steht dem Hanfanbau nichts im Wege. Die späte Beschlußfassung des Bundestages zur Änderung des Betäubungsmittelgesetzes im Februar 1996 warf indes Pläne potentieller Hanfanbauer über den Haufen, denn für die erste Hanfsaison muß zwangsläufig Saatgut aus der Europäischen Union eingesetzt werden, in der Frankreich eine gewisse Monopolstellung innehat. Dessen Kapazitäten für 1996 sind schon längst verplant, so daß Dr. Frank Höppner von der FAL einen Fachartikel mit der provokanten Frage einleitete: »Hanf: woher Saatgut nehmen?«[17]

Mit der Legalisierung ist aber eine wichtige Hürde genommen. Landwirte, die rauschmittelarmen Hanf pflanzen wollen, müssen den Anbau bis zum 15. Juni des Jahres bei der Bundesanstalt für Landwirtschaft und Ernährung (BLE) anzeigen. Die EU fördert den Hanfanbau mit einer Beihilfe in Höhe von rund 1500 DM pro Hektar.[18]

In Österreich wurde der Hanfanbau 1969 eingestellt. Mit dem Beitritt zur EU schickte man aber sogleich ein neues Gesetz zur Förderung des Anbaus auf den Weg, so daß seit 1995 auch hier wieder Hanf gepflanzt werden kann.[19]

Die Schweiz erlaubt die Kultivierung von Hanf schon längere Zeit, aber es gibt sehr strenge Kontrollen, die interessierte Hanferzeuger vom Anbau abhalten. Die Aussaat nachwachsender Rohstoffe wird unter bestimmten Bedingungen vom Schweizer Landwirtschaftsministerium mit rund 3000 Franken pro Hektar unterstützt. Eine privatwirtschaftliche Initiative der Firma SWIHTCO, die über 100 Hanfbauern unter Vertrag nahm, erlitt 1995 unter dubiosen Umständen Schiffbruch. Leidtragende waren nicht nur die Landwirte, sondern das allgemeine Ansehen der jungen Hanfbranche.[20]

Zum erstenmal seit 1937 begannen in Kanada Farmer im Frühjahr 1994 mit dem Hanfanbau zur Fasergewinnung. Alexander Sumach von der Hemp Futures Study Group beglückwünschte die Nation im *Globe and Mail*:

Wir sind erfreut, von der Wiedergeburt der kanadischen Hanfindustrie zu erfahren. Farmer Joe Stroebel und Ingenieur Geof Kime pflanzten 20 Hektar an ... mit glattem, unschuldigen, von der Regierung genehmigten Hanfsamen der feinsten europäischen Sorten .... Besonders erfreulich ist dabei, daß die Kanadier die Amerikaner in dieser Hinsicht geschlagen haben. Da die nordamerikanische Freihandelsvereinbarung die einst blühende kanadische Textilindustrie nahezu ausgelöscht hat, sollten wir froh darüber sein, daß Hanf wieder angebaut wird ... Nichts hindert Kanada daran, in seine Produktion groß einzusteigen ... Die Ameri-

kaner werden es in diesem Jahrzehnt niemals schaffen, Hanf anzubauen. Ihre Gesetze werden nie
anerkennen, daß Cannabis auch sehr positive
Eigenschaften hat.[21]

Wasser und Boden

Für eine Hanfernte sind etwa 50 Stunden Arbeit
pro Hektar erforderlich. Dazu zählen Pflügen,
Eggen, Säen und das Walzen der Fläche, dann das
Ernten, Bündeln, Ausbreiten, Aufnehmen, Brechen, Hecheln sowie das Verpacken in Ballen und
der Transport des Hanfs.

Hanf lockert den Boden auf, spendet Schatten,
und die herabgefallenen Blätter bilden eine Mulche,
die die Feuchtigkeit im Boden bewahrt. Das Wur-
zelsystem dringt tief ein, verfällt aber rasch nach
der Ernte. Bis zu zwei Drittel der organischen
Materie kehren in den Boden zurück, wenn der
Hanf auf dem Feld geröstet wird. Der Boden läßt
sich nach einer Hanfernte leichter pflügen als nach
einer Weizen- oder Maisernte. Hanf entzieht dem
Humus zwar einen kleinen Teil der Nährstoffe,
ist aber dennoch verträglicher als alle anderen
Nutzpflanzen, ausgenommen Hülsenfrüchte wie
Luzerne und Klee.

Im Zweiten Weltkrieg veröffentlichte die deutsche Regierung den Leitfaden *Die lustige Hanffibel*, der die Bauern über Hanf informieren und sie
zum Anbau ermutigen sollte. Die Fibel empfahl
Moorland als Anbaugebiet:

Wer Hanf baut auf der Moore Flur,
treibt ferner echte Moorkultur,
denn eng begrenzt ist hier die Wahl,
in unsrer Nutzgewächse Zahl:

der Moorwirt baut Kartoffeln, Kohl,
zuweilen auch Getreide wohl,
auch etwas Mais und Futterknollen –
Viel mehr ist nicht im Moor zu wollen!
…
Hier springt der starke Hanf allein
als Retter für das Moorland ein.
Er wächst sehr schnell und groß heran
weist der Kultur die rechte Bahn,
denn jede Frucht sich froh gestaltet,
wenn Hanf im Wechsel eingeschaltet,
er gibt dem Acker Schirm und Schatten,
bringt schnell das Unkraut zum Ermatten,
er hält des Moores dunklen Grund
schön sauber, gar und recht gesund.
Und auch des Moors Spätrostgefahr,
die krümmt dem Hanf kein einzig Haar.
…
Kurzum, die Moorkultur erhöht,
wer auf dem Moor mehr Hanf aussät![22]

Der Anbau

Hanf ist eine perfekte Pflanze für das Fruchtfolge-
system. In der *Lustigen Hanffibel* heißt es, »er (der
Hanf) steht nach Hackfrucht, Korn, Gemüse, auch
gern nach Weide oder Wiese«. Der schattige Hanf
eignet sich der Fibel zufolge auch ausgezeichnet zur
Bereitung des Bodens vor dem Anbau anderer
Pflanzen

»denn sein Bestand, groß, breit und dicht,
erwürgt des Unkrauts schlimm Gezücht.
Er läßt, wenn er vom Acker weicht,
zurück ihn sauber, gar und feucht.
Nach Hanf fühlt, frei von allen Sorgen,

Getreide sich recht wohl geborgen.
Auch Hackfrucht, die dem Hanf folgt nach,
bringt hohe Ernten allgemach,
und auch die Grassaat, zart und fein,
legt gern sich in sein Bett hinein.
Kurz, jede Saat in Hanfes Feld
bringt reiche Ernten, reiches Geld!« [23]

Eine begrenzte Fruchtfolge erhöht das Auftreten von Krankheiten und Krankheitserregern im Boden, was zu geringeren Erträgen und einem vermehrten Einsatz von Bioziden führt. Hanf als neues Mitglied im Rotationszyklus kann bei der Lösung derartiger Probleme helfen: Er verbessert die Bodenstruktur und hemmt das Wachstum von Unkraut. In normalen Rotationszyklen kann Hanf den Platz von Hafer oder Bohnen einnehmen. Hanf scheint ein ausgezeichneter Gründünger für Weizen zu sein, er vertreibt den Kohlweißling und bewahrt Kartoffeln vor Mehltau. Zusammen mit Hanf angepflanzte Bohnen, Astern, Zuckerrüben und Erbsen werden vor Schädlingen und Pilzbefall geschützt und in Getreidesilos, in denen Hanf getrocknet wurde, sind Getreidekäfer eine Seltenheit.

Seit die Gefahren des Tabakrauchens immer offensichtlicher werden, steigt unter den Tabakfarmern das Interesse am Hanfanbau. Doch potentielle Hanfbauern stehen vor einigen Hindernissen: Für sie ist es eine unbekannte Pflanze, und die meisten Hanfmärkte stecken noch in den Kinderschuhen. Bei der heutigen Hanfkultivierung überwiegt noch immer die Handarbeit, so daß die Industrieländer in die Entwicklung neuer landwirtschaftlicher Maschinen investieren müssen, bevor ein großflächiger Anbau kosteneffizient wäre.[24] Doch im großen Tabakgürtel im Südosten der USA herrscht ein so ideales Klima für Cannabis, daß die zögernden Tabakfarmer gut beraten wären, die Worte des Hanffarmers John Bordley zu befolgen, die 1799 für die Nachwelt aufgezeichnet wurden:

Mein Hanf hat nur einmal unter der Dürre gelitten, und zwar nach einer Aussaat im Mai ... Auf gut vorbereitetem Boden ist kein Ertrag sicherer als früh ausgesäter Hanf. Doch wie unsicher ist im Vergleich dazu die Tabakernte! Probleme durch Frost, Dürre oder Tabakkäfer; ... niedriger Wuchs wegen Regenmangel, das Kräuseln wegen zuviel Regen; Feuer oder Funkenschlag während der Röstung, Frost vor der Einlagerung, ...

Einem Pflanzer, der auf acht Hektar Tabak im Wert von 800 Dollar erntet, winkt auf demselben Boden ... Hanf im Wert von 1000 oder 1200 Dollar. Doch selbst wenn das Einkommen aus dem Hanfanbau um ein Viertel geringer wäre als beim Tabak, würde ich den Hanfanbau trotzdem aus verschiedenerlei Gründen vorziehen.

Der Hanfanbau birgt nur wenige Probleme. Bei der Pflanzung von Samenhanf (zu medizinischen Zwecken) können Disteln in dichten Reihen auftreten. Sie müssen gejätet werden, solange der Hanf erst ein paar Zentimeter hoch steht – doch Disteln und Quecken verschwinden nach einer Hanfernte meist völlig. Hanfsämlinge können von verschiedenen Schädlingen angegriffen werden, speziell wenn im Frühjahr gepflügt wurde. Einige Winden klettern an Hanfstengeln hoch. Besonders gestört wird der Hanf durch *Orobanche ramosa*, dem Hanftod, einer kurzen Pflanze mit gelblichen Blättern und lilafarbenen Blüten. Ihre Wurzeln greifen die des Hanfs an, so daß die Pflanzen vor dem Heranreifen eingehen. *Orobanche ramosa* kann durch sorgfältige Rotation und saubere Samen kontrolliert werden.

Das Rösten

Die Arbeit, die beim Trennen des faserreichen Basts (äußere Rinde) vom hölzernen Stengel aufgewendet werden muß – das sogenannte Rösten – war bis zu diesem Jahrhundert das größte Hindernis beim ausgedehnten Hanfanbau. Rösten bedeutet das teilweise Verrotten der Hanfstengel, so daß sich die Bastfasern vom Stengel trennen lassen. Beim Taurösten (oder Feldrösten) werden die Stengel auf dem Boden ausgebreitet, damit sie Regen und Tau ausgesetzt sind. In einigen Regionen Chinas und Japans wird die Hanffaser gewonnen, indem man die Stengel ein bis zwei Tage lang in Wasser taucht, dann drei Stunden lang dämpft, und die Fasern anschließend abschält und abkratzt, um die äußere Haut zu entfernen.

Nach dem Rösten werden die Stengel getrocknet und sortiert, bevor sie in einer von Hand bedienten Hanfbrechmaschine, eine hölzerne Presse, die die Stengel leicht in Schäben bricht, zerdrückt werden.

Ein Hektar Hanf liefert unter günstigen Klimabedingungen im Durchschnitt 17 Tonnen grüne Stengel. Nach dem Rösten und Trocknen wiegt der nutzbare Teil des Hanfs rund 7,5 Tonnen, was etwa 850 kg lange, grobe Fasern ergibt. Der Anteil der Schäben liegt bei gut 6 Tonnen pro Hektar.

■ *Hanfverarbeitung*

Schlichtens Hanfschälmaschine

Seit Thomas Jefferson seine Erfindung einer verbesserten Hanfbrechmaschine aufzeichnete (vgl. Seite 82), wurden Hunderte von hanfverarbeitenden Maschinen patentiert, aber nur die von George W. Schlichten perfektionierte Schälmaschine arbeitete so effizient, daß sie die Bedürfnisse der Industrie erfüllte. Die Schlichten-Schälmaschine konnte die Faser fast jeder Pflanze abschälen, so daß nur noch der hölzerne Stengel bzw. die Schäben zurückblieben. Die Maschine versprach, die Hanfindustrie zu revolutionieren, da sie das Rösten überflüssig machen würde.

Auf dem Feld getrocknete Stengel werden in die Maschine eingeführt und laufen über Rollen, die das Material zuerst zerdrücken, bevor es aufgespalten und ausgebreitet wird. Andere Rollen transportieren die Stengel zum Brechen. Als nächstes werden die Fasern grob gekämmt und entbastet, indem sie von den nichtfaserigen Bestandteilen zusammen mit den kurzen Fasern getrennt werden. Anschließend quetschen und kämmen spezielle Rollen die Fasern wechselweise. Schließlich verläßt die Faser das Gerät in einem endlosen, gefalteten Band, das zu Docken gebündelt oder in Ballen verpackt sofort nutzbar ist.

Schlichtens Hanfschälmaschine erweckte die Aufmerksamkeit des Industriellen Henry H. Timken (Erfinder des Kugellagers), der von ihren Möglichkeiten beeindruckt war. Timken traf sich im Februar 1917 mit Schlichten, um Rechte an der Maschine zu erwerben. Er versuchte auch, die Zeitungsmagnate Edward W. Scripps und Milton

Das Dampfaufschlußverfahren: High-Tech und eine alte Pflanze gehen eine Verbindung ein.
(Foto mit freundlicher Genehmigung des Instituts für angewandte Forschung [IFO], Reutlingen.)

McRae dafür zu interessieren, Zeitungspapier aus Hanf herzustellen, denn 1914 war die Zirkulation der Tageszeitungen in den USA auf über 28 Millionen Exemplare angewachsen, und die Papierversorgung bereitete immer mehr Sorgen.

Zum Nachteil für die USA und die ganze Welt verhinderten die wirtschaftlichen Folgen des Ersten Weltkriegs, hohe Steuern und andere Überlegungen eine Finanzierung der Schlichten-Schälmaschine durch Scripps, McRae und Timken. Doch trotz dieses Rückschlags verbesserte Schlichten seine großartige Maschine weiter, und sie wurde im Jahr 1937 von der Industrie wiederentdeckt. Ihre Aufmerksamkeit kam jedoch leider zu spät, denn das Gesetz zur Besteuerung von Marihuana verhinderte eine Renaissance der Hanfindustrie.

Neue Technologien

In den neunziger Jahren ergaben sich für die Hanffaserverarbeitung mehrere Entwicklungen und Neuerungen, die Anbau und Nutzung der Pflanze heute noch umweltfreundlicher machen. Die neuen Technologien ermöglichen hohe Erträge von Fasern gleichbleibend guter Qualität zu wettbewerbsfähigen Preisen für industrielle Zwecke. Durch die hohe Zugfestigkeit der Hanffaser ist sie als Verstärkungsmaterial von geringer Dichte beispielsweise für Fiberglas geeignet. Ihre absorbierenden Eigenschaften, die Temperaturstabilität und die biologische Abbaubarkeit können durch Vorbehandlungen wie Trocknen, Karbonisation, Imprägnieren und Mineralisieren erhöht werden.

Das deutsche Unternehmen Ecco Gleittechnik, das sich vornehmlich mit Technologien zur Flachsverarbeitung beschäftigt, hat Iso-Hanf entwickelt, ein mit Natriumsilikat und Borat behandeltes imprägniertes Material, das eine hohe Feuerbeständigkeit aufweist. Bei der Verwendung von Iso-Hanf zur Verstärkung von Beton wird die Flexibilität um 30 Prozent erhöht, auch die Trocknungseigenschaften und die Stärke von Mörtel werden durch das Material verbessert. Sein Einsatz in Farben erhöht die Viskosität und die Widerstandskraft gegen Reinigungsmittel und reduziert die Anzahl von feinsten Rissen.[25]

C & S Speciality Builders Supply und Xylem Inc. haben einen Prototyp-»Xylanizer« entwickelt, der die Hanfpflanze durch Dampfexplosion zu Zellulose, Hemizellulose und Lignin reduziert, so daß das Rösten und Entrinden entfallen.

Diese und andere moderne Bearbeitungsmethoden und Anwendungen des Hanfs lassen unsere Zukunft in einem neuen Licht erscheinen. Auf uns wartet jetzt eine Welt, deren Böden fruchtbarer sind, in der die Wälder wieder wachsen und die Luft sauberer ist. Wenn dies in Ihren Ohren unglaublich klingt, zeigt es nur, wie abgestumpft wir schon sind. Eine saubere Umwelt ist kein Hirngespinst, sondern die Grundlage unserer aller Gesundheit. Jahrtausendelang lebten wir mit dieser Grundlage – und haben sie verloren. Der Anbau von Hanf als Nutzpflanze ist der erste und größte Schritt, sie wiederzuerlangen.

Hanf und Gesundheit

Forderungen nach Verhaltensweisen zum Schutz der Natur – der Wälder, des Wassers – stoßen oft auf taube Ohren. Natürlich klingen die Vorschläge der Umweltschützer gut, aber sie sind nicht Teil *unseres* Lebens. Was hat ein gerodeter Wald in Ontario oder das Ozonloch über der Antarktis schon mit uns zu tun?

Doch die Trennung von Natur und Mensch ist ein Produkt unseres Denkens, und es ist kein Zufall, daß alle Schäden, die wir der Erde antun, auf uns zurückfallen: Die Wälder werden unentwegt abgeholzt – neue Krebsformen zerstören den menschlichen Körper; immer mehr Arten verschwinden von der Erdoberfläche – die Zahl der Samenzellen beim Mann nimmt ab; Dioxine verseuchen die Flüsse – und gelangen über die Nahrungskette in unsere Blutbahn; die Pestizide auf den Feldern werden weggewaschen, doch wohin?

Wir essen, trinken und atmen die Natur jede Minute an jedem Tag. So überrascht es uns auch nicht, zu erkennen, daß die Pflanze, die der Schlüssel zum Erhalt der Umwelt und unserer Gesundheit sein kann, den Menschen schon seit Jahrhunderten von Nutzen ist. Hanf ist in allen Regionen, in denen er wächst, als wertvolle Heilpflanze bekannt. Er wurde bei Verdauungsstörungen, Neuralgien,

Schlaflosigkeit, Depressionen, Migräne und Entzündungen eingesetzt. Frauen haben ihn zur Erleichterung der Geburt, zur Stimulierung des Milchflusses und zur Bekämpfung der Menstruationsschmerzen verwendet.

Der chinesische Kaiser Shen Nung, Autor des ältesten bekannten Arzneibuches.

Der erste dokumentierte Nachweis für die Anwendung von Hanf in der Medizin stammt aus der Zeit um 2300 v.Chr., als der legendäre chinesische Kaiser Shen Nung *chu-ma* (den weiblichen) Hanf zur Behandlung von Verstopfung, Gicht, Malaria, Rheumatismus und Menstruationsproblemen empfahl.

Chinesische Pflanzenkenner empfehlen *huo ma ren* (»Feuerhanfsamen«) in Dosierungen von 9 bis 15 g oder auch bis zu 45 g zur Ernährung des Yin (des weiblichen Prinzips) bei Verstopfung, »Blutarmut« und zur Erholung nach fiebrigen Erkrankungen. In der chinesischen Medizin teilt man Hanfsamen in die Kategorien »süß«, »neutral« und »von Hitze befreiend« ein. Sie wirken über die Magenka-

näle, den Dickdarm und die Milz und fördern die Heilung von Wunden und Geschwüren, wenn sie gegessen oder äußerlich angewendet werden. In China ist Hanföl in einer Mischung mit Kräuterextrakten als Abführmittel weit verbreitet.[1]

Auch die indische Ayurveda-Medizin und das arabische Unani-Tibbi-System nutzen die heilende Wirkung des Hanfs. Normalerweise wird er mit anderen pflanzlichen, mineralischen und tierischen Substanzen zur Neutralisierung der narkotischen Wirkungen und zur Verbesserung der therapeutischen Kräfte gemischt. Die Abhandlung *Anandakanda* aus dem 10. Jahrhundert beschreibt 50 Mittel zur Heilung, Verjüngung und als Aphrodisiakum.

Ayurvedische Ärzte aus Indien setzen »bhang« (Hanf) zur Behandlung von Durchfall, Epilepsie, Delirium und Geisteskrankheiten sowie bei Koliken, Rheumatismus, Gastritis, Anorexie, Schwindsucht, Fisteln, Fieber, Gelbsucht, Bronchitis, Lepra, Diabetis, Erkältungen, Anämie, Tuberkulose, Elephantiasis, Asthma, Gicht, Verstopfung und Malaria ein. Andere Hanfzubereitungen dienen zur Behandlung von Schlaflosigkeit, Hämorrhoiden, Heuschnupfen, Asthma und Hautkrankheiten.[2]

Im Mittelalter war Hanf auch in Europa ein populäres Volksheilmittel. Nicholas Culpepper (1616–1654) schrieb in seinem Kräuterlehrbuch, daß eine »Emulsion oder ein Absud der Samen … bei Koliken und Verdauungsstörungen Linderung verschafft und Blutungen im Mund, in der Nase und an anderen Stellen zum Stillstand bringt«.

Mitte des 19. Jahrhunderts half Dr. William O'Shaughnessy, Professor der Chemie an der medizinischen Fakultät in Kalkutta, Cannabis, das er als

Der griechische Arzt Pedacius Dioscorides, der im 1. Jahrhundert lebte, beschrieb den medizinischen Nutzen von **kannabis emeros** (weiblicher Hanf) in **De Materia Medica** (3,165.166): »der Saft aus dem noch grünen Samen ist gut bei Ohrenschmerzen ... Legt man die durchgeweichte Wurzel auf die Haut auf, so hat sie die Kraft, Entzündungen zu heilen, Ödeme aufzulösen sowie bei Gelenkentzündungen zu helfen.«

»bhang« kennenlernte, in die europäische Medizin einzuführen. Er beschrieb das Mittel folgendermaßen:

Majoon oder Hanfkonfekt ist eine Mischung aus Zucker, Butter, Mehl, Milch und siddhi oder Bhang ... Bei Einnahme reagiert der Betroffene fast immer mit Gesang und Tanz, ißt mit großem Genuß und sucht aphrodiasische Freuden. Bei Menschen mit streitbarer Natur führt die Einnahme, wie nicht anders zu erwarten, zu einer Steigerung ihrer natürlichen Neigung. Der Rausch dauert etwa drei Stunden an, bevor der Schlaf einsetzt. Es kommt weder zu Übelkeit noch zu Verdauungsstörungen; am nächsten Tag tritt leichter Schwindel und eine Gefäßverengung der Augen auf, aber es gibt keine nennenswerten anderen Symptome.[3]

Hanf hielt bei den pharmazeutischen Mitteln in Europa und Amerika bald darauf offiziell Einzug. Die Apotheker nutzten Cannabis mit unterschiedlichem Erfolg bei all den Krankheiten, die von den Indern und Chinesen schon seit langer Zeit mit Hanf behandelt wurden. Das Mittel wirkte auch bei Alkoholismus, Ruhr, Gebärmutterblutungen, Migräne, Lähmungen, Milzbrand, Blutvergiftung, Inkontinenz, Mandelentzündung und unzähligen anderen Erkrankungen.[4]

Hin und wieder gab es Berichte über »Cannabisvergiftungen«, doch in einem Essay über Haschisch bemerkte ein Arzt 1912: »Es ist kein authentischer Fall bekannt, demzufolge eine Überdosis Cannabis oder eine Zubereitung mit dem Mittel ... bei einem Mensch oder niederen Tier zum Tod geführt hätte.« Dies stimmt bis auf den heutigen Tag.[5] Tatsächlich ist die Sicherheit des Medikaments Cannabis eine seiner bemerkenswertesten Eigenschaften. Die tödliche Dosis ist 40 000mal höher als die effektive, so daß Cannabis viel sicherer als Aspirin und die meisten anderen legalen Medikamente ist, bei denen dieses Verhältnis häufig nur zehn zu eins beträgt.[6]

Ende des 19. Jahrhunderts enthielten Dutzende von Medikamenten Cannabis. Dazu zählten das Magenmittel Chlorodyne und Corn Collodium von der Squibb Company; Parke-Davis stellte Casadein und Utroval her, und Eli Lilly produzierte Dr. Brown's Sedative Tablets, Syrup Tolu Compound, Neurosine und One Day Cough Cure. Die Firma Grimault und Sons brachte Cannabiszigaretten als Mittel gegen Asthma auf den Markt. Die Verwendung eines heute illegalen Produkts durch einige der weltweit größten Pharmazieunternehmen überrascht nicht weiter, wurde doch zu Beginn dieses Jahrhunderts auch Kokain in Coca-Cola verwendet. Vielmehr verdeutlicht es, daß »überwachte Drogen« einfach willkürlich festgelegt werden. Diese natürlichen Substanzen sind nicht die Zivilisationsfeinde, als die sie von den Rauschgiftfahndern dargestellt werden, sondern unterliegen den Launen der Regierung: heute noch wichtiges Mittel in der Hausapotheke, morgen schon finsterer Verderber der Kinder.

Daß Cannabis immer weniger von den Pharmaunternehmen genutzt wurde, ging nicht auf eine Bewußtseinskrise zurück, sondern lag wohl daran, daß die Medikamente nicht genügend Gewinn abwarfen. Zweifellos hält die große Verfügbarkeit und der günstige Preis von Hanf diese Firmen heute davon ab, neuerliches Interesse zu zeigen.

Mit dem Cannabisverbot verschwand das Mittel 1932 auch aus dem amtlichen Arzneibuch in Großbritannien. 1942 wurde das Mittel aus dem amerikanischen Arzneibuch gestrichen, und der *Merck Index* löschte seine Cannabiseinträge im Jahr 1950. Trotz Unterdrückung und Verbot durch die amerikanische und andere Regierungen entdeckten die Menschen im Westen die medizinischen Wirkungen durch das Rauchen von Cannabis neu, und es erschienen Hunderte von wissenschaftlichen Artikeln zu den gesundheitlichen Vorteilen.

■ Hanf als Heilmittel

Es liegen zahlreiche Berichte über die medizinische Forschung sowie die therapeutische Anwendung der wichtigsten Cannabinoide – Tetrahydrocannabinol (THC), Cannabinol (CBN) und Cannabidiol (CBD) – vor. Hier einige Beispiele:

Bei grünem Star: Weltweit leiden mehrere Millionen Menschen unter grünem Star, einer unheilbaren Erkrankung der Augen, die häufig zur Erblindung führt. Die Erhöhung des Augeninnendrucks beim grünen Star läßt sich mit Medikamenten bis zu einem gewissen Grad kontrollieren, doch weisen alle gefährliche Nebenwirkungen auf – mit Ausnahme von Cannabis.[7] 1971 stellten die Wissenschaftler R. S. Helpler und I. M. Frank fest, daß das Rauchen von Cannabis den Augeninnendruck nach 30 Minuten um etwa 25 Prozent reduziert. Außerdem wurde eine 50prozentige Abnahme des Tränenflusses registriert. Diese Wirkung tritt bei THC und Cannabisextrakten ein, die oral oder intravenös verabreicht oder äußerlich aufgetragen werden.[8]

Als Antiemetikum (Mittel zur Verhinderung des Erbrechens): In den siebziger Jahren stellten Patienten, die wegen Krebserkrankungen chemotherapeutisch behandelt wurden, fest, daß sie weniger unter Übelkeit und Erbrechen litten, wenn sie vor der Behandlung Cannabis rauchten. Eine Untersuchung im *New England Journal of Medicine* wies darauf hin, daß Übelkeit und Erbrechen bei 81 Prozent der Patienten durch THC unter Kontrolle gehalten wurde.[9]

Chemotherapeutisch behandelte Patienten, die Hanf als Medizin einnehmen, rauchen im allgemeinen lieber Cannabis als daß sie das synthetische THC (Marinol) nehmen, da sie sich normalerweise übergeben müssen, bevor das Medikament (bis zu drei Stunden später) seine Wirkung zeigt. Durch das Rauchen nimmt der Patient die Dosis nach und nach auf, während das Medikament innerhalb weniger Minuten wirkt.

Eine Befragung der Mitglieder der Amerikanischen Gesellschaft für klinische Onkologie durch die Harvard-Universität im Jahr 1990 ergab, daß 44 Prozent der 1035 befragten Ärzte mindestens einem Patienten, der wegen Krebs chemotherapeutisch behandelt wurde, die illegale Verwendung von Cannabis empfohlen hatten. Fast die Hälfte erklärte, daß sie »einigen Patienten Cannabis in gerauchter Form verschreiben würden, wenn dies legal wäre«.[10]

Bei Tests von THC auf mögliche immunsuppressive Wirkungen stellten die Forscher fest, daß mit THC behandelte Meerschweinchen wenige oder gar keine Symptome der experimentellen autoimmunen Enzephalitis (EAE) entwickelten, die als Labormodell für die multiple Sklerose dient. Von den unbehandelten Tieren starben 98 Prozent, während 95 Prozent der mit THC behandelten Tiere überlebten und viel weniger Entzündungen des Hirngewebes aufwiesen.[11]

Bei Atembeschwerden: Seit mindestens 3000 Jahren verschafft Cannabis Asthmatikern Erleichterung. Das Inhalieren des Cannabisrauches führt zu einer Erweiterung der Bronchien, die bis zu einer Stunde anhält. THC-Sprays verlängern zwar die Wirkung auf bis zu sechs Stunden, sind aber nicht so wirkungsvoll wie das Rauchen von Cannabis, da THC in Sprayform die Atemwege reizt.[12]

In Mikrosprays hat sich THC als bronchienerweiterndes Mittel um bis zu 60 Prozent wirkungsvoller erwiesen als die gebräuchlichen Arzneimittel

(Bronchiodilatatoren).[13] Andere Untersuchungen zeigen, daß THC Emphyseme (Ansammlung von Luft in der Lunge) verhindert[14] und Husten unterdrückt.[15] Cannabis wurde auch bei der Behandlung von Keuchhusten erfolgreich eingesetzt.[16]

Als krampfhemmendes Mittel: Der erste europäische Bericht zur Wirkung von Cannabis bei Krämpfen wurde von Dr. William O'Shaughnessy veröffentlicht, der erklärte, daß »den Medizinern ein Medikament gegen Krämpfe von größtem Wert zur Verfügung steht«.[17]

Tausende von Opfern, die unter allen möglichen Formen von Krämpfen, Epilepsien und Lähmungen (Paraplegie, Quadriplegie, Muskelschwund, multiple Sklerose [MS], Veitstanz und verwandten Neuralgien) leiden, loben Cannabis wegen seiner entspannenden Wirkung. Klinische Studien zeigen, daß Cannabidiol (CBD) vielen Patienten helfen kann, fast krampffrei zu bleiben – und das ohne giftige Nebenwirkungen, Verhaltensbeeinträchtigungen oder Gewöhnung. Ein Wissenschaftler stellte eine »begrenzte Wirkung« in der Linderung der spastischen Lähmungen bei MS fest[18], andere fanden heraus, daß THC auch bei der Behandlung von Muskelschwund nützlich ist.[19]

Zur Wachstumshemmung von Tumoren: THC und CBN können das Wachsen von Lewis-Lungentumoren hemmen.[20] Sie verzögern das primäre Tumorwachstum und erhöhen die Lebenserwartung krebskranker Mäuse. Die tumorbekämpfende Wirkung von THC und CBN ist sehr spezifisch, da die Tumorzellen ohne eine Schädigung der gesunden Zellen reduziert werden.[21]

Als Antibiotikum: Cannabinoide Säuren hemmen und töten grampositive Bakterien wie Staphylokokken und Streptokokken effektiv. Eine Gruppe von Wissenschaftlern berichtete von einem Fall, in dem ein Pathologe sich beim Sezieren am Daumen verletzt hatte. Die Wunde infizierte sich stark und die Bakterien waren gegen Antibiotika völlig resistent. Fast wäre eine Amputation nötig gewesen, doch im letzten Moment wurde die Infektion durch das Auftragen eines Cannabisextraktes besiegt.[22] Lippenherpes, Mittelohrentzündung und Verbrennungen zweiten Grades wurden auf dieselbe Weise erfolgreich behandelt. Cannabis kann als Salbe, Packung oder Spray auf die Haut oder Schleimhaut aufgetragen werden.[23]

Als Antiarthritikum: Plinius der Ältere empfahl Cannabis zur Behandlung von Arthritis. In seiner *Abhandlung über Hanf* erwähnte M. Marcandier auch, daß »die in Wasser gekochte Wurzel, in Form eines Breiumschlags angewandt, die vertrockneten oder verkümmerten Finger- und Zehengelenke wieder beweglich macht. Es ist sehr gut gegen Gicht …« Jamaikaner verwenden Ganja zu demselben Zweck.

Die *Times of London* berichtete 1994, daß »die Nachfrage nach Cannabis unter britischen Rentnern Ärzte, Polizei und Lieferanten in Erstaunen versetzt … Die alten Leute verwenden die Droge als schmerzlinderndes Mittel bei Arthritis und Rheumatismus. Viele brechen zum erstenmal in ihrem Leben das Gesetz, um an die Droge zu kommen.«[24]

Als Antidepressivum: Schon 1843 lobte Jacques-Joseph Moreau de Tours den Wert von Haschisch bei der Behandlung der Melancholie: »Eine der Wirkungen von Haschisch, die mich besonders

beeindruckte und die normalerweise die meiste Aufmerksamkeit erregt, besteht darin, daß manische Erregung immer von einem Gefühl der Fröhlichkeit und Freude begleitet ist, die jenen, die dies noch nicht erlebt haben, unbegreiflich ist… Es wird tatsächlich Glück produziert.«[25]

1944 bezeichnete Dr. George Stockings das synthetische Cannabinoid Synhexyl als »ein neues, Euphorie hervorrufendes Mittel bei depressiven Zuständen«, speziell bei der Behandlung neurotischer Depressionen, der häufigsten psychiatrischen Erkrankung in der klinischen Praxis. Stockings kam zu folgendem Schluß: »Bei Anwendung des Mittels bestehen keine Kontraindikationen durch das Vorhandensein gleichzeitig bestehender organischer Erkrankungen. Außerdem eignet es sich zur ambulanten Behandlung und seine Anwendung stört bei anderen therapeutischen Maßnahmen wie Beschäftigungstherapie oder Psychotherapie nicht. Es ist frei von den Risiken und Nachteilen der drastischeren Behandlungsformen.«[26]

Zur Kontrolle von Entzündungen: Die mildernde Wirkung von Cannabis bei Entzündungen ist seit Jahrhunderten bekannt. In der heutigen Zeit erregte Cannabis die Aufmerksamkeit der Ärzte, nachdem Patienten berichtet hatten, daß das Rauchen von Cannabis ihnen bei Krankheiten wie Pruritus und Dermatitis geholfen hätte.

Klinische Forschungen zeigten, daß THC eine antihistamine Wirkung hat[27] und daß ein Alkoholauszug aus Cannabis die fiebersenkende Wirkung von Aspirin steigert.[28] Im *European Journal of Pharmacology* wurden die Ergebnisse einer Studie veröffentlicht, die darauf hindeuten, daß THC

Ödeme zwanzigmal stärker als Aspirin und zweimal so stark wie Hydrocortison verhindert.[29] CBD führte zu einer über 90prozentigen Hemmung von Erythemen bei einer Dosis von nur 100 Mikrogramm.[30] Ein amerikanisches Patent aus dem Jahr 1990 beinhaltet eine einfache wäßrige Mischung aus Calciumhydroxid und Hanföl zur Behandlung von Verbrennungen, durchgelegenen Hautstellen und anderen Hauterkrankungen.[31]

Als Analgetikum (schmerzstillendes Mittel): Mehrere neuere Untersuchungen haben die schmerzstillende Wirkung von Cannabis und seinen Derivaten bei Tieren gezeigt, aber beim Menschen kommt es zu widersprüchlichen Ergebnissen. Ein Alkoholextrakt aus Cannabis verstärkt die Wirkung anderer Analgetika.[32]

Bei niedriger Dosierung steigert THC die analgetische Wirkung von Morphium um 500 Prozent. Bei der doppelten Dosierung von THC ist die Wirkung von Morphium zehnmal größer. Sandra Welch erklärte dazu: »Der große Vorteil einer Cannabis-Morphium-Kombination wäre die Reduzierung der Morphiumkomponente sowie deren starker Nebenwirkung, die Schwächung des Atemsystems.«[33]

Zur Behandlung von Alkoholismus: Im 19. Jahrhundert empfahlen amerikanische Ärzte Cannabis zur Behandlung des Delirium tremens. 1953 testeten Dr. L. Thompson und R. R. Proctor das synthetische Cannabinoid Pyrahexyl bei der Behandlung von Alkoholentzugssymptomen und erzielten in mehreren Fällen positive Ergebnisse.[34]

Zur Behandlung von Schlaflosigkeit: 1890 empfahl der britische Arzt J. Reynolds *Cannabis indica*

besonders den Patienten, die unter der damals so bezeichneten »senilen Schlaflosigkeit« litten. »In solchen Fällen habe ich nichts Nützlicheres als eine moderate Dosis indischen Hanfs gefunden«, erklärte er. Das Mittel bleibt über Jahre hinweg effektiv, ohne daß es zur Gewöhnung kommt. CBD fördert einen Schlaf mit weniger Träumen und ohne Nebenwirkungen.[35]

Zur Behandlung von Herpes: Obwohl ein Fachartikel darauf hinwies, daß THC die Widerstandsfähigkeit gegen das Herpes simplex-Virus senkt,[36] hat eine separate Untersuchung ergeben, daß sich THC an das Herpes-Virus bindet und es auf diese Weise inaktiviert. Die äußerliche Anwendung eines Isopropylalkoholextrakts aus Cannabis verhindert die Bläschenbildung und sorgt dafür, daß vorhandene Bläschen innerhalb eines Tages verschwinden. Cannabis erleichtert auch die Symptome von Gonorrhö und Syphilis.[37]

Zur Behandlung von Migräne: 1890 erklärte Dr. J. Reynolds im *Lancet*, daß »viele Opfer dieser Krankheit [Migräne] ihr Leiden jahrelang unterdrückt hätten, indem sie bei einem drohenden oder beginnenden Anfall Hanf eingenommen hätten«.[38] Ein Jahr später bestätigte J. B. Mattison, daß von allen Anwendungsformen des Cannabis »der wichtigste Einsatz die Linderung der schrecklichen Migräne ist«. Er kam zu dem Schluß, daß das Medikament nicht nur die damit verbundenen Kopfschmerzen mildert, sondern die Attacken sogar verhindern kann.[39] In *The Principles and Practice of Medicine* (1913) bestätigte Dr. William Osler, daß »Cannabis wahrscheinlich das zufriedenstellendste Medikament gegen Migräne ist«.[40]

Zur Behandlung von Geschwüren: Die Produktion von Magensäure wird nach dem Genuß von Cannabis reduziert, so daß das Mittel sich zur Behandlung von Magengeschwüren, Kolitis, Ileitis, Darmkrämpfen und Gastritis empfiehlt. Vor allem Ende des vergangenen Jahrhunderts wurden aus Cannabis gewonnene Mittel zu diesem Zweck verwendet.[41]

In der Gynäkologie: Cannabis wurde erfolgreich bei der Behandlung von Morgenübelkeit bei schwangeren Frauen eingesetzt. Cannabis lindert die Schmerzen und steigert die Kontraktionen der Gebärmutter schneller als Mutterkornalkaloide. Eingeborene Frauen in Südafrika berauschen sich mit Cannabis (das dort *dagga* heißt), um die Geburt zu erleichtern. Dr. J. Grigor entdeckte die kontraktionsauslösende Wirkung des indischen Hanfes im Jahr 1852 neu und erklärte mehr oder weniger uneigennützig, daß »es die Dauer der Geburt auf weniger als die Hälfte der normalerweise benötigten Zeit verkürzen kann, so daß die Patientin nicht unnötig lange leidet, während der Arzt Zeit spart«.[42] Cannabis wurde auch zur Steigerung des Milchflusses eingesetzt. Königin Victoria rauchte Cannabis, um ihre Menstruationsbeschwerden zu lindern.

1883 empfahl Dr. John Brown die Einnahme von Cannabis bei Funktionsstörungen der Gebärmutter. Er erklärte: »Es gibt kein anderes Medikament, das solch gute Ergebnisse vorweisen kann ... Mißerfolge sind so selten, daß ich es als spezifisches Heilmittel bei übermäßigen Gebärmutterblutungen bezeichnen möchte.«[43]

■ Hanfsamen als Nahrungsmittel

Hanfsamen dienten im Zweiten Weltkrieg in China, Australien und Europa während der Hungersnöte als Nahrungsmittel. Und sie werden auch heute noch von einem großen Teil der armen indischen Bevölkerung gegessen: eine als *bosa* bezeichnete Mischung besteht aus den Samen von Labkraut und Hanf, während *mura* aus geröstetem Weizen, Ama-

■

Cannabis in der Küche
Über Jahrhunderte und Kontinente hinweg wurde Cannabis in der Küche vieler Kulturen verwendet, und man kann Hunderte von Rezepten finden oder erfinden. Die psychoaktiven Cannabinoide sind fettlöslich.
*Der berühmte Künstler und Koch Ahmed Yacoubi, der sich als direkter Nachkomme des Propheten Mohammed bezeichnet, hat mit dem **Alchemist's Cookbook** (1972) einen Leitfaden für die marokkanischen Küche geschrieben, der auch einige Grundrezepte mit Kif enthält:*

Bhang
Einige Kif-Blätter mit der gleichen Menge schwarzem Pfeffer, Nelken, Muskatnuß und Muskatblüte mahlen. Mit etwas Wasser mischen und durchseihen. Mit Wasser, Milch, Wassermelonensaft oder Gurkensaft mischen. Bhang wird oft ohne die Gewürze getrunken, doch sie sollen dem Getränk mehr Kraft verleihen.

■

Hanfsamen-Tahini
(reine gemahlene Hanfsamen)

Nährstoffgehalt
Portionsgröße: 2 TL (32 g)

Kalorien: 160

	Tageswert in %
■ *Gesamtfettgehalt 9 g*	*14 %*
gesättigtes Fett 0 g	*0 %*
■ *Cholesterin 0 mg*	*0 %*
■ *Gesamtkohlenhydratgehalt 11 g*	*3 %*
Ballaststoffe 11 g	*45 %*
Zucker 0 g	
■ *Eiweiß 8 g*	*25 %*

Vitamin A 24 % · Riboflavin 21 %
Thiamin 25 % · Niacin 4 %
Der Tageswert in Prozent basiert auf einer Tageszufuhr von 2000 Kalorien.

Hanfsamen – das perfekte Eiweiß im Pflanzenreich. (Foto mit freundlicher Genehmigung des USDA.)

rant oder Reis und Hanfsamen hergestellt wird. Manchmal sind Cannabissamen auch Zutaten in Chutneys. Von den Frauen des Sotho-Stammes in Südafrika ist bekannt, daß sie dem Brei für ihre Babys gemahlene Hanfsamen zusetzen.[44]

Die Samen des Hanfs enthalten alle essentiellen Aminosäuren und Fettsäuren und stellen damit das ausgewogenste Eiweiß, das es im Pflanzenreich überhaupt gibt. Die Samen besitzen 26 bis 31 Prozent Roheiweiß, außerdem etwa 6 Prozent Kohlenhydrate, 5 bis 10 Prozent Fett, 12 Prozent Ballaststoffe, 10 Prozent Feuchtigkeit und 7 Prozent Asche.[45]

Das Globulin Edestin im Hanfeiweiß ist dem Globulin im Blutplasma sehr ähnlich und kann vom menschlichen Körper leicht verdaut, absorbiert und genutzt werden. Es ist lebenswichtig für ein gesundes Immunsystem, da es zur Bildung von Antikörpern dient.[46] Das Edestin im Hanf ist so kompatibel zum menschlichen Verdauungssystem, daß man in einer tschechischen Ernährungsstudie bei Tuberkulose im Jahr 1955 zu dem Schluß kam, daß Hanf als einziges Nahrungsmittel die Tuberkulose, bei der die Ernährungsprozesse beeinträchtigt sind und der Körper schwindsüchtig wird, erfolgreich behandeln kann.[47]

Hanfsamen bestehen vom Gewicht her zu 30 bis 35 Prozent aus Öl, das sich wiederum zu knapp vier Fünfteln aus den ungesättigten essentiellen Fettsäuren Linol- und Linolensäure zusammensetzt, die vom Körper nicht selbst hergestellt, sondern durch die Nahrung aufgenommen werden müssen. Das Öl enthält auch acht Volumenprozent Palmitin-, Stearin-, Öl- und Erdnußölsäure. Mit rund 80 Prozent an essentiellen Fettsäuren besitzt Hanföl den höchsten Prozentsatz unter den Pflanzenölen, die zur menschlichen Ernährung genutzt werden. Leinöl steht mit 72 Prozent an essentiellen Fettsäuren an zweiter Stelle. Essentielle Fettsäuren sind sehr wärme-, licht- und sauerstoffempfindlich; aus diesem Grund muß Hanföl sorgfältig verarbeitet und kalt, dunkel und vakuumverpackt gelagert werden.

Essentielle Fettsäuren sind für den Aufbau der Prostagladine 1, 2 und 3 wichtig. Prostagladin 1 verhindert die Produktion von Cholesterin, erweitert die Blutadern und verhindert das Verklumpen der Blutkörperchen in den Arterien. Eine Untersuchung aus dem Jahr 1992 ergab, daß eine Ernährung mit Hanfsamen zu einer drastischen Reduzierung des Gesamtcholesteringehalts führt.[48] Der Blutdruck sinkt nach einer mehrwöchigen Ernährung mit Hanfsamen ebenfalls, was offenbar auf die gleichmäßige Versorgung mit essentiellen Fettsäuren zurückzuführen ist.[49]

■ U. Erasmus, Autor des Buches *Fats That Heal, Fats That Kill*, *glaubt, daß die Anteile von Linol- und Linolensäure im Hanfspeiseöl perfekt dem menschlichen Bedürfnis nach essentiellen Fettsäuren entsprechen. Anders als Leinöl und andere Öle kann Hanföl ständig verwendet werden, ohne daß es zu einem Mangel oder Ungleichgewicht von essentiellen Fettsäuren kommt. Außerdem beträgt der Superoxidwert – das Ausmaß der Ranzigkeit – bei Hanföl 0,1 bis 0,5. Dieser sehr geringe und sichere Wert verdirbt nicht den Geschmack. Im Vergleich dazu beträgt dieser Wert bei kalt gepreßtem Olivenöl 20 und bei Maisöl etwa 40 bis 60.*[50] ■

■ *Studien zur gesundheitlichen Wirkung*

Hanf wurde vielleicht mehr als jede andere vom Menschen genutzte Pflanze zahllosen Studien unterworfen. Die meisten Untersuchungen versuchten, Hanf einiger der Anschuldigungen zu »überführen«, die im letzten Jahrhundert erhoben wurden. Speziell ging es dabei um die Frage, ob er moralischen oder körperlichen Verfall verursacht. Wie Lester Grinspoon von der medizinischen Fakultät von Harvard erklärt, »haben diese umfangreichen Forschungsarbeiten keinerlei wissenschaftliche Grundlage für ein Verbot geliefert«.[51] Im Gegenteil. Die Untersuchungen belegen die unzähligen nützlichen Eigenschaften von Hanf, und mehrere empfehlen eine Legalisierung.

Die Indische Hanfdrogen-Kommission (1893– 94): In den siebziger Jahren des 19. Jahrhunderts führten die Behörden in Indien Geisteskrankheiten und Kriminalität im allgemeinen auf den Genuß von Ganja zurück. Englische Bürokraten beklagten sich über den Ganja-Mißbrauch, und 1893 setzte Lord Kimberley, der indische Staatssekretär die Indische Hanfdrogen-Kommission ein.[52]

Sie befragte 1193 Personen und kam zu dem Schluß, daß »der gelegentliche Genuß von Hanf in moderaten Dosen wohltuend sei und als medizinische Anwendung betrachtet werden könne«. Die Kommission war der Meinung, daß der mäßige Genuß von Cannabis »keinerlei negative Auswirkungen« zeige und er weder Körper, Geist noch Moral schädige.[53]

Die Kanalzonenstudien: Die Republik Panama verbot den »Anbau, Gebrauch und Verzehr von

Kan-Jac [Cannabis]« im Jahr 1923, als sich Berichte über Cannabis rauchende US-Soldaten häuften und diesen von der Militärführung der Besitz von Cannabis in der Kanalzone untersagt wurde. Im April 1925 befaßte sich ein offizielles Komitee mit dem Genuß von Marihuana. Der Ausschuß unter Vorsitz von Oberst J. F. Siler kam zu dem Schluß, daß Cannabis keine Abhängigkeit verursache und »keine größeren negativen Auswirkungen auf den Benutzer habe«. Auch spätere Untersuchungen, 1929 und 1931, konnten keine Verbindung zwischen Cannabis und Pflichtvergessenheit oder moralischen Problemen herstellen.[54]

˙ *Der Bericht des LaGuardia-Komitees:* 1938 forderte der Bürgermeister von New York, Frank H. LaGuardia, die New Yorker Akademie der Medizin auf, die Folgen von Cannabis wissenschaftlich zu untersuchen. 1944 veröffentlichte das medizinische Komitee seinen Bericht über *Das Marihuanaproblem in New York City.* Es entkräftete alle Vorwürfe gegen den Cannabisgebrauch und hob u. a. folgendes hervor:

> *»Marihuanaraucher sind der Meinung, daß die Droge ein Gefühl von Zufriedenheit hervorruft.«*
>
> *»Das Rauchen von Marihuana führt nicht zu einer Abhängigkeit im medizinischen Sinn.«*
>
> *»Der Genuß von Marihuana hat keine Morphium-, Heroin- oder Kokainsucht zur Folge.«*[55]

Der Wooton-Bericht: Ein britisches Komitee zur Drogenabhängigkeit unter Vorsitz von Baronin Barbara Wooton befaßte sich mit den vorhandenen Berichten zum Cannabisgenuß und stellte 1968 fest, daß der Cannabisgenuß in mäßigen Dosen keine schädigenden Auswirkungen habe, womit frühere Studien bestätigt wurden.[56]

Die Shafer-Kommission: 1970 kam eine Nationale Kommission zum Cannabis- und Drogenmißbrauch, die Raymond Shafer, der Gouverneur von Pennsylvania, leitete, zu folgendem Schluß:

Es gibt keinerlei Beweise, daß der experimentelle oder periodische Gebrauch von Marihuana körperliche oder psychische Schäden verursacht. Risiken bestehen dagegen im schweren, langfristigen Mißbrauch der Droge. Marihuana führt nicht zu körperlicher Abhängigkeit, doch kann langfristiger Mißbrauch bei den Betroffenen zu einer psychologischen Abhängigkeit von der Droge führen.[57]

Die Jamaika-Studie: 1970 förderte das National Institute of Mental Health die Jamaika-Studie, die »erste intensive, multidisziplinäre Studie über Cannabisgebrauch und -benutzer«[58]. Die Mitarbeiter untersuchten die Gesetzgebung, die Ethnohistorie, das aktuelle Sozialgefüge und die medizinischen Aspekte des Ganja-Gebrauchs. Die komplexe Ganja-Kultur zieht sich durch die gesamte Arbeiterschicht Jamaikas und beeinflußt sie stark. In manchen Gemeinden rauchten 50 Prozent der Männer über 15 Jahre regelmäßig Ganja. In dem Vorwort des 1975 veröffentlichten Berichts heißt es:

Während man sich in Amerika wegen der angeblichen »demotivierenden« Wirkungen von Marihuana Sorgen macht, dient Ganja in Jamaika zur Erfüllung der Arbeitsethik; die Männer aus der Arbeiterschicht verwenden Ganja hauptsächlich als kräftigendes Mittel ... Als Vielzweckpflanze wird Ganja auch von Nichtrauchern zu medizinischen Zwecken eingesetzt und von Frauen und Kindern zu prophylaktischen und therapeutischen Zwecken als Tee getrunken ...

Ganja wird über einen längeren Zeitraum, in größeren Mengen und mit höherem THC-Gehalt als in den USA geraucht, ohne daß dies schädliche soziale oder psychologische Folgen hätte. Der Hauptunterschied liegt darin, daß sowohl der Ganja-Genuß als auch das erwartete Verhalten kulturell geformt sind und durch gut etablierte Traditionen kontrolliert werden.[59]

Melanie Dreher, eine Anthropologin an der Universität von Miami, war führendes Mitglied des Jamaika-Teams. In einer nachfolgenden Studie berichtete sie, daß der Genuß von Ganja-Tee oder -Extrakten in Jamaika auch unter Nichtrauchern und Kindern weit verbreitet ist. Sie schrieb: »Die heilende Wirkung dieser Mittel wird zur Behandlung einer Vielfalt von allgemeinen und spezifischen Störungen genutzt. Kompressen dienen zur Behandlung von Schmerzen und offenen Wunden.«[60]

Die Jamaika-Studie war eine nach strengen wissenschaftlichen Regeln durchgeführte Untersuchung. Warum hatte sie nicht mehr Einfluß? Laut Dreher erklärten Mitglieder einer Kommission des Präsidenten, daß sie an den Ergebnissen ihrer Arbeit kein Interesse hätten, wenn diese nicht die negativen Wirkungen des Cannabisgebrauchs zeigten.

Die Costa-Rica-Studie: 1971 untersuchte die Universität von Florida zusammen mit den National Institutes of Health (NIH) unter Leitung von William Carter den chronischen Cannabisgebrauch in Costa Rica. 84 Cannabisraucher und 156 Kontrollpersonen, die noch nie Ganja geraucht hatten, unterzogen sich einer Reihe von medizinischen und psychologischen Tests. Die Ergebnisse dieser Studie entsprachen weitgehend denen der Jamaika-Studie.[61]

Die Reaktion der US-amerikanischen Regierung auf die überwältigenden Beweise der Studien, die die wohltuenden Eigenschaften von Cannabis belegen, wird durch James O. Mason, dem Leiter des amerikanischen Gesundheitsamtes, verkörpert. Mason leitete das IND-Programm, das einer Versuchsgruppe von AIDS- oder Krebspatienten Cannabis legal zur Verfügung stellte. 1991 forderten immer mehr AIDS-Kranke, mit Cannabis versorgt zu werden; statt das Programm zu erweitern, setzte Mason es ab. Seine Beweggründe: »Wenn bekannt wird, daß das Gesundheitsamt die Menschen mit Marihuana versorgt, könnten die Bürger meinen, daß dieses Zeug doch nicht so schlecht ist.«[64]

Die NIH weigerten sich, den Bericht so zur Veröffentlichung freizugeben und ließen ihn dreimal neu und schließlich von einem anderen Herausgeber umschreiben, bevor nur 300 Exemplare gedruckt wurden.[62]

Die griechische Studie: In einer griechischen Studie über Haschischraucher aus dem Jahr 1975 wurden Mikroaufnahmen von geschädigten menschlichen Spermazellen gezeigt. In dem Bericht hieß es, daß der niedrige Arginingehalt im Spermakern auf eine »abweichende Reifung« hindeute. Später stellte sich heraus, daß die Fotos manipuliert worden waren, und die Verfasser der Studie mußten ihre falsche Darstellung in der Zeitschrift *Science* korrigieren. Auch diese Studie kam zu dem Schluß, daß die akuten Auswirkungen intensiven Haschisch-

konsums über 25 Jahre hinweg qualitativ den Wirkungen bei sporadischem Konsum ähneln.[63]

Die Expertengruppe: In Großbritannien wurde 1982 der *Bericht der Expertengruppe zu den Wirkungen des Cannabisgebrauchs* veröffentlicht, dessen Resümee lautete, »daß es nicht genug Beweise gebe, um hinsichtlich der Wirkungen des Cannabisgebrauchs unwiderlegbare Schlußfolgerungen ziehen zu können.« Es hieß in dem Bericht auch, daß weitere Untersuchungen möglicherweise sogar den Nachweis erbringen könnten, daß der therapeutische Einsatz von Cannabis zur Behandlung bestimmter Krankheiten förderlich sein könnte.[65]

■ Wirkungen auf Körper und Psyche

Physische Reaktionen und Folgen

Starkes (mehrmals tägliches) Cannabisrauchen führt zu einer leichten Verengung der Atemwege. Leichtes Rauchen hat, abgesehen von einer Erweiterung der Bronchien, wenig Auswirkungen auf die Atmung. Chronisches Rauchen kann zu Nebenhöhlenentzündungen, Rachenkatarrh und Bronchitis führen. Cannabis senkt den Speichelfluß in der Mundspeicheldrüse, es kommt zu Mundtrokkenheit.[66]

Es gibt einige wenige Hinweise auf eine direkte karzinogene Wirkung des Cannabisrauchs oder -teers. Einige Experimente mit Cannabisteer haben zu Mutationen bei Bakterienkulturen geführt, und bei Ratten, die mit dem Teer bestrichen wurden, entwickelten sich bösartige Hauttumore. Cannabisrauch enthält eine große Zahl derselben krebserzeugenden Verbindungen wie Tabak, aber bis heute konnten noch keine Krebserkrankungen auf das Rauchen von Cannabis zurückgeführt werden.[67]

Die offensichtlichste und sofort eintretende Wirkung beim Rauchen oder Einnehmen von Cannabis ist eine schnelle Steigerung des Herzschlags (bis zu 90 Schläge pro Minute), die innerhalb einer Stunde wieder nachläßt und für einen gesunden Menschen keine Bedrohung darstellt. Der Blutdruck kann langsam ansteigen, es kann aber auch zu Hypotonie (niedriger Blutdruck) kommen. Raucher gewöhnen sich nach zwei bis drei Wochen an die kardialen Wirkungen von THC, wenn sie täglich Cannabis rauchen. Menschen mit Gefäßerkrankungen sind jedoch gefährdet und sollten vom Cannabisgebrauch Abstand nehmen. 1979 erlitt ein 25jähriger Mann nach dem Rauchen von Cannabis einen akuten Herzinfarkt.[68]

Hypothermie: THC führt bei Tieren zu Hypothermie (eine Verringerung der Körpertemperatur), aber Untersuchungen an Menschen haben außer bei hohen Dosierungen nur wenige oder gar keine derartigen Auswirkungen gezeigt. Statt dessen steigen Hauttemperatur, Stoffwechselrate und Herzschlag an. Cannabis wirkt auch schweißhemmend.[69]

Giftigkeit: Cannabis ist nicht giftig. Todesfälle durch eine Überdosis Cannabis wurden nie belegt; in ein paar schlecht dokumentierten Fällen, in denen Cannabis als Todesursache angegeben wurde, zeigten nähere Untersuchungen, daß diese Behauptungen unhaltbar waren. Einige intravenöse Injektionen eines Wasserextrakts aus Cannabis endeten jedoch beinahe tödlich.[70]

Eine neue Studie an jamaikanischen Säuglingen stellte fest, daß 30 Tage alte Kinder von cannabisrauchenden Frauen bei zehn von vierzehn gemessenen Eigenschaften wie Lebhaftigkeit, Robustheit und Orientierung bessere Ergebnisse zeigten als die Kinder von Müttern, die kein Cannabis rauchten. Die Mütter berichteten, daß Cannabis ihren Appetit steigerte und ihre Schlafqualität verbesserte. Diese Wirkungen trugen wahrscheinlich zu gesünderen Neugeborenen bei.[74]

Schätzungen zufolge müßte man 800 Cannabiszigaretten rauchen, um eine tödliche Reaktion hervorzurufen. Im Vergleich dazu können bereits 60 Milligramm Nikotin oder 300 Milliliter Alkohol tödlich wirken.[71]

Auswirkungen auf die Fortpflanzungsfähigkeit des Mannes: Nach unzähligen Experimenten ist man zu dem Schluß gekommen, daß THC eine leicht unterdrückende (aber umkehrbare) Wirkung auf die Spermaproduktion ausübt, aber keine negativen Auswirkungen auf die männliche Fruchtbarkeit zu haben scheint.[72]

In einer 1974 von R. Kolodny durchgeführten Studie hieß es, daß die Testosteron-, Gelbkörperhormon-, FSH-, Prolaktin-Spiegel und Spermazählungen bei zwanzig Männern, die regelmäßig Cannabis rauchten, beträchtlich niedriger lagen als bei den Kontrollpersonen. Der Bericht löste eine Kontroverse aus, die jahrelang schwelte. Andere

Forscher wiesen später nach, daß die beobachteten kurzfristigen Folgen durch direkte Wirkung auf die Nebenhoden verursacht werden. In diesen Untersuchungen könnte sogar das Potential zur Entwicklung eines chemischen Verhütungsmittels für Männer liegen.[73]

Auswirkungen auf die Fortpflanzungsfähigkeit der Frau: Experimente mit Ratten haben einige mißbildende Wirkungen und eine Abnahme der Empfängnisfähigkeit durch Cannabis gezeigt, doch die Ergebnisse sind kaum auf den Menschen übertragbar, da die Art der Verabreichung, das Lösungsmittel, die Konzentration und die hohe Dosierung äußerst unrealistisch waren. Das Relman-Komitee kam in seinem Bericht *Marihuana and Health* zu dem Schluß, daß es trotz des weitverbreiteten Gebrauchs von Cannabis durch junge Frauen im fortpflanzungsfähigen Alter »noch keine Beweise für irgendwelche häufig oder beständig auftretenden teratogenen (mißbildenden) Wirkungen im Zusammenhang mit der Droge gibt«.[75]

Jonathan Buckley ermittelte in einer kontrollierten Fallstudie, bei der Embryos in der Gebärmutter Cannabis ausgesetzt waren, einen möglichen Zusammenhang zwischen dem Genuß bewußtseinsverändernder Drogen vor und während der Schwangerschaft durch die Mütter und einem erhöhten Risiko einer akuten nicht-lymphatischen Leukämie (ANLL) bei den Kindern. »Obwohl die Verbindung zwischen Marihuana und der anschließenden Entstehung von ANLL bei den Kindern nicht 100prozentig hergestellt wurde, sind die Beweise so stark, daß sie weitere Untersuchungen rechtfertigen«, hieß es in dem Bericht.[76]

Hirnschwund: In den siebziger Jahren wurden durch Sensationsberichte, denen zufolge das Rauchen von Cannabis angeblich »Gehirnschäden« verursachte, viel Staub aufgewirbelt. Die einzigen beiden Studien, die Ergebnisse zur Unterstützung dieser Behauptungen produzierten, fallen durch ihre schockierend schlechten methodischen Verfahren auf. In einer Studie mußten Tiere große Mengen Cannabis in wenigen Minuten durch eine Rauchmaschine rauchen, ohne daß sie die Möglichkeit hatten, normal Luft zu atmen. Wußten die Experimentatoren tatsächlich nicht, daß mangelnde Sauerstoffzufuhr mit Sicherheit Gehirnschäden hervorruft?[77]

Die zweite Studie, die 1971 in der Zeitschrift *Lancet* veröffentlicht wurde, berichtet, daß zehn starke Cannabisraucher Zeichen von Hirnschwund aufwiesen. Die Ergebnisse erschienen fragwürdig, als offensichtlich wurde, daß die Hälfte der Testpersonen schizophren war, drei Personen Kopfverletzungen erlitten hatten, einer geistig behindert war, ein oder zwei Epileptiker waren und *alle zehn* aus einem psychiatrischen Krankenhaus stammten. Außerdem war bei allen der Mißbrauch von LSD, Opiaten, Beruhigungsmitteln und anderen Medikamenten bekannt.[78] Im Bericht des Relman-Komitees heißt es dazu:

Es bestehen beträchtliche Kontroversen, ob Cannabis Änderungen der Hirnstruktur oder in den Hirnzellen verursacht. Zwei Studien zeigen, daß Cannabis Veränderungen in der Hirnmorphologie hervorruft. Beide Berichte sind von der Methode und Interpretation her so unzureichend, daß ihre Schlußfolgerungen nicht akzeptiert werden kön-

nen. In anderen Untersuchungen wurden keine Veränderungen der Morphologie festgestellt ... Es gibt keine überzeugenden Beweise, daß Cannabis morphologische Veränderungen im Gehirn verursacht. Computertomographien von Cannabiskonsumenten offenbaren keine Veränderungen der Hirnstruktur. Untersuchungen von Affengehirnen mit dem Elektronenmikroskop, die auf morphologische Veränderungen hinweisen, enthalten methodische Fehler und können nicht als Beweis für die Wirkungen von Cannabis auf die Morphologie der Gehirnzellen herangezogen werden.[79]

Psychische Effekte

Der Cannabisgenuß wirkt sich erheblich auf die Wahrnehmungsempfindung aus. Dazu zählen Stimmungsänderungen, Lockerungen im zwischenmenschlichen Umgang und eine Reduzierung aggressiven Verhaltens. Mit anderen Worten: Cannabis versetzt die Menschen normalerweise in eine glückliche, gesellige und friedliche Stimmung. Charles Tart hat die zahlreichen Phänomene bei der Wahrnehmung als Folge des Cannabisrausches aufgezeichnet. Typische optische Wahrnehmungen umfassen Muster, lebhafte geistige Bilder und eine verbesserte Randsicht. Halluzinationen und Dimensionsveränderungen treten seltener auf. Geschmack-, Geruch-, Tastsinn und Gehör erhalten eine neue Qualität und größere Intensität. Der Cannabisrausch ruft häufig ein Verlangen nach Süßem hervor. Das Zeitgefühl wird durch Cannabis durchweg verzerrt; Ereignisse scheinen sehr viel länger anzudauern, als dies in Wirklichkeit der Fall ist. Eine weitere häufig vorkommende Wirkung ist

ein starkes Gefühl von »Hier und Jetzt« und oft kommt es zu Déjà-vu-Erlebnissen. Häufig werden Phänomene wie gesteigerte Empathie und Intuition oder Telepathie sowie mystische Erfahrungen beschrieben. Cannabis gilt als Aphrodisiakum. Viele Konsumenten berichten, daß Cannabis ihnen das Gefühl gibt, kindlicher und Erfahrungen gegenüber aufgeschlossener zu sein.[80]

Negative Wirkungen: Bis zu einem Drittel der regelmäßigen Cannabiskonsumenten erlebte hin und wieder paranoide oder panische Reaktionen, Halluzinationen, Verwirrung und andere negative Begleiterscheinungen, die normalerweise nur unter ungünstigen Umständen und bei hohen Dosen auftreten. Das Problem tritt am häufigsten dann auf, wenn Cannabis gegessen wird, da die Dosis in dem Fall offensichtlich nicht so leicht kontrollierbar ist wie beim Rauchen. Eine medizinische Behandlung ist nur selten nötig, da sich die Situation in den meisten Fällen leicht unter Kontrolle bringen läßt.

Das Delirium, das dem Cannabismißbrauch zugeschrieben wird, äußert sich in geistiger Trübung, Wahrnehmungsstörungen, Desorientierung, beeinträchtigtem zielorientierten Denken und Verhalten, Gedächtnisstörungen und Veränderungen der psychomotorischen Kontrolle. Die Symptome entwickeln sich in kurzer Zeit und klingen schnell wieder ab. Die meisten bekannten Fälle stammen aus Indien und dem Nahen Osten, wo die Cannabisprodukte im allgemeinen stärker sind und der Verbrauch weiter verbreitet ist als in Europa und Amerika. Davon betroffene amerikanische Soldaten in Vietnam erholten sich innerhalb von drei bis elf Tagen und kehrten in den Dienst zurück.[81]

Lernfähigkeit: Obwohl Cannabis die Aufnahmefähigkeit verbessern kann, leidet das rein mechanische Lernen. Das Erinnerungsvermögen ist normalerweise beeinträchtigt, was offenbar auf die schlechte Konzentrationsfähigkeit zurückzuführen ist. Zahlreiche Tests haben gezeigt, daß Cannabis negative Auswirkungen auf das Kurzzeitgedächtnis hat, die zwei bis drei Stunden oder länger andauern können.[82]

Abhängigkeit: Im *MSD Manual der Diagnostik und Therapie* (1993) heißt es dazu:

Ständige oder zeitweise Einnahme von Cannabis oder Cannabisabkömmlingen mit gewisser psychischer Abhängigkeit, die sich als Verlangen nach den subjektiven Drogenwirkungen äußert, bei fehlender körperlicher Abhängigkeit. Beim Absetzen der Droge entwickelt sich daher keine Entzugssymptomatik. Cannabis kann in vorübergehender Form über lange Zeit genommen werden, ohne daß nennenswerte Folgen in psychischer oder sozialer Hinsicht auftreten. Deshalb kann man den Begriff Abhängigkeit mit aller Konsequenz nicht auf jeden anwenden, der Cannabis oder cannabisähnliche Produkte konsumiert.[83]

Mangelnde Motivation: Einige Dauerkonsumenten von Cannabis zeigen eine Reihe von Persönlichkeitsveränderungen, die von den Ärzten gerne als »Amotivationssyndrom« bezeichnet werden. Die Veränderungen umfassen Apathie, Verlust von Ehrgeiz und Energie, schlechte Konzentrationsfähigkeit und nachlassende Arbeits- oder Schulleistungen. Auf das »Amotivationssyndrom« stieß man 1971, als das *Journal of the American Medical Association* einen Artikel von Harold Kolansky und

William Moore veröffentlichte, der sich mit den »Auswirkungen von Marihuana auf Jugendliche und junge Erwachsene« beschäftigte. Die Autoren beschrieben 38 Cannabisraucher, die »kurz nachdem sie mit dem Marihuanarauchen begonnen hatten, psychische Störungen aufwiesen. Die Betroffenen hatten zuvor keine oder kaum bemerkte Auffälligkeiten gezeigt«.[84] Obwohl die Autoren eine Verbindung zwischen dem Cannabisrauchen und mentalen Problemen aufzeigen konnten, wurde keine ursächliche Beziehung demonstriert. Der von ihnen wiederholt als Ergebnis der »toxischen« Wirkungen von Cannabis angeführte Mechanismus der »Ego-Dekompensation« wurde ebenfalls nicht erläutert. Lester Grinspoon beurteilte den Bericht von Kolansky und Moore als unverantwortlich:

Diese Abhandlung ist vom wissenschaftlichen Standpunkt aus so anfechtbar, daß sie völlig bedeutungslos ist. Leider wird sie vom sozialen Standpunkt her große Bedeutung erlangen, da sie für jene Menschen, die übersteigerte Vorurteile gegen Cannabis hegen, all die Dinge bestätigt, die sie gerne als Folge des Cannabiskonsums sehen würden ... Ich bin überzeugt, daß man diese Abhandlung nicht zur Veröffentlichung angenommen hätte, wenn die amerikanische Medizinervereinigung hinsichtlich dieser Frage weniger an der Auferlegung einer moralischen Führerrolle und eher an den wissenschaftlichen Aspekten dieser Droge interessiert wäre.[85]

Im Gegensatz zu Kolansky und Moore fand die Jamaika-Studie heraus, »daß Ganja als Arbeitsstimulans wirkt, und das dadurch hervorgerufene Verhalten beträchtliche Zweifel an der Gültigkeit des sogenannten ›Amotivationssyndrom‹ aufkommen läßt«. Man zitierte dazu Dr. Andrew Weil, der der Meinung ist, daß in den USA »Amotivation eine Ursache für starkes Marihuanarauchen ist und nicht umgekehrt«.[86]

Was sollen wir von Behauptungen halten, daß dieselbe Substanz jamaikanische Arbeiter zu härterer Arbeit antreibt, bei amerikanischen Jugendlichen jedoch zu einem Verlust von Energie und Ehrgeiz führt? Vielleicht schließen sich die beiden Wirkungen ja gar nicht gegenseitig aus. Der Schlüssel liegt in der Interpretation des Begriffes »amotiviert« im 20. Jahrhundert und in der berühmten psychoaktiven Eigenschaft von Cannabis, das Zeitgefühl zu ändern. Zufriedenheit im Augenblick, im »Hier und Jetzt«, hilft dem jamaikanischen Arbeiter, seine langweiligen, körperlichen Tätigkeiten zu bewältigen, doch dieselbe Hier-und-Jetzt-Mentalität ist tödlich für das moderne Fortschrittsdenken, das Konkurrenzkampf predigt und den Menschen materiellen Reichtum verheißt. Die Verstärkung des Augenblicks durch den Genuß von Hanf stellt diese ganze Ideologie in Frage. Warum sollte man endlose Stunden dafür aufwenden, Reichtum anzusammeln, um sich das Glück und die Zufriedenheit zu kaufen, die bei Cannabisgenuß bereits in jedem Augenblick vorhanden sind? Zweifel an der Weisheit des Fortschrittdenkens werden zum »Amotivationssyndrom«. In diesem Sinn ist Hanf eine echte Bedrohung für die moderne Kultur, und es ist kein Wunder, daß der Cannabiskonsum den Vertretern der Wirtschaft und Regierung ein Dorn im Auge war und mit der Austilgung bekämpft werden mußte.

■ *Neurologische Erkenntnisse*

Die Entdeckung von Rezeptoren im menschlichen Gehirn, die speziell auf Cannabinoide ansprechen, sollte die Debatte beenden, ob die Pflanze für den Menschen geeignet ist. Der Rezeptor, ein Eiweiß an der Zelloberfläche, aktiviert G-Proteine in der Zelle und führt zu einer Vielzahl anderer biochemischer Reaktionen, die Euphorie erzeugen.[87]

1984 fanden Miles Herkenham und seine Kollegen vom National Institute of Mental Health mit Hilfe radioaktiv markierter, dem THC entsprechender Stoffe die meisten Rezeptoren in einem Teil des Großhirns, in dem die Gedächtniskonsolidierung erfolgt sowie in der Großhirnrinde, wo höhere Denkprozesse ablaufen. Im Hirnstamm, in dem die automatischen Lebenserhaltungssysteme kontrolliert werden, befinden sich nur sehr wenige Rezeptoren.[88] Dies erklärt wohl, warum es im Grunde unmöglich ist, an einer Überdosis Cannabis zu sterben. Das Vorhandensein von THC-Rezeptoren in den Basalganglien – einem Bereich des Gehirns, der für die Koordinierung der Bewegung verantwortlich ist – mag es den Cannabinoiden ermöglichen, Krämpfe zu lindern. Einige Rezeptoren entdeckte man im Rückenmark, in dem die analgetische Wirkung von Cannabis ablaufen könnte. Andere Rezeptoren befinden sich in den Hoden, was möglicherweise die Wirkung von THC auf den Sexualtrieb erklärt.[89]

1992 identifizierte ein israelisches Forscherteam einen cannabinoidähnlichen Neurotransmitter, der vom menschlichen Gehirn produziert wird und ähnliche biologische Wirkungen und Folgen für das

Verhalten hat wie THC. Die Gruppe nannte ihn nach dem Sanskritwort *ananda* (Glückseligkeit) Anandamid.[90] Die Bedeutung dieser Entdeckungen kann gar nicht genug betont werden, denn jetzt liegen wissenschaftliche Beweise für die Dinge vor, die so viele Weltkulturen schon immer wußten: Nur eine Handvoll Pflanzen auf der Erde werden vom menschlichen Geist so natürlich willkommen geheißen wie der Hanf. Die Konzentration von Cannabinoid-Rezeptoren in den Bereichen des Gehirns, die den höheren geistigen Prozessen vorbehalten sind – Gedächtnis, Wahrnehmung, Kreativität – ist auffallend. Hanf scheint genau darauf abgestellt zu sein, sowohl unsere Seele als auch unseren Körper zu nähren. Ist es dann Zufall, daß das erstmalige Auftreten von Hanf auf der Weltbühne vor 10 000 Jahren mit der Kreativitätsexplosion des Menschen in Form der ersten Zivilisationen einherging?

Hanf und Spiritualität

■ Hanf als bewußtseinsverändernde Droge

Terence McKenna, Züchter von Rauschpflanzen und heute einer der führenden Befürworter der psychedelischen Erfahrung, vertritt die Theorie, daß halluzinogene Pflanzen als Vermittler für den umfassenden Transfer von Informationen aus dem Pflanzenreich auf die menschliche Gemeinschaft fungieren. Er schreibt: »Alle mentalen Funktionen, die wir mit dem Menschsein in Verbindung bringen, einschließlich Erinnerung, Vorstellungskraft, Sprache, Namengebung, magische Sprache, Tanz und ein Gefühl von *religio*, sind auf die Interaktion mit halluzinogenen Pflanzen zurückzuführen.«[1]

Auch wenn seine Vision faszinierend scheinen mag, braucht man kein Anhänger McKennas zu sein, um eine spirituelle Partnerschaft zwischen den Menschen und Hanf aufzuspüren, eine Verbindung, die 10 000 Jahre zurückreicht, in die Zeit als die Jäger und Sammler der Alten Welt seßhaft wurden. Viele Fachleute halten den Hanf für die erste angebaute Pflanze, und der Astronom und Wissenschaftsautor Carl Sagan glaubt, daß ihr Einsatz als bewußtseinsverändernde Droge noch weiter zurückliegen könnte. In seinem Buch *Die Drachen von Eden* schreibt Sagan, daß sich die Pygmäen, die noch heute als Sammler und Jäger leben, mit Marihuana berauschen, bevor sie auf die Jagd gehen, um besser für die Mühen gewappnet zu sein. Hanf ist die einzige Pflanze, die sie anbauen, und sie erklären, daß dies schon seit Urzeiten so ist. »Es wäre sehr interessant zu wissen, ob in der Geschichte der Menschheit der Anbau von Marihuana allgemein zur Erfindung des Ackerbaus führte und damit zur Zivilisation«, meint Sagan.[2]

Wie McKenna und Sagan gehen viele Historiker davon aus, daß die Menschen die Wirkung von Cannabis auf das Bewußtsein bald nach Entdeckung der Pflanze erkannten. Die archaischen Völker testeten die Pflanzen ihrer Umgebung ständig, um neue Nahrungsquellen zu entdecken. So stellten sie sicher bald fest, daß dieses schnell wachsende Kraut mehr vermochte, als nur ihren Magen zu füllen.

Doch die spirituelle Rolle des Hanfs läßt sich nicht nur durch glückliche Zufälle erklären. Zahlreiche Religionswissenschaftler sind der Meinung, daß die Menschen früher die Geheimnisse des Himmels in den Pflanzen wähnten. Pflanzen ziehen ihre Nahrung aus der Feuchtigkeit in ihrer Umgebung und aus dem Boden. Aus diesem Grund galten sie unseren Vorfahren vermutlich als direktes Bindeglied zwischen Himmel und Erde und damit als perfekter Schlüssel zu göttlichen Mysterien.

Im vorigen Kapitel haben wir uns mit den heilenden Kräften des Hanfs befaßt, die den Menschen bereits vor Jahrtausenden bekannt waren. Diejenigen, die die vielseitigen medizinischen Eigenschaften der Pflanze kannten, wußten sicherlich auch um ihre bewußtseinsverändernde Wirkung. So

schrieb ein taoistischer Priester im 5. Jh. v.Chr., daß Cannabis »von Geisterbeschwörern zusammen mit Ginseng verwendet wurde, um die Zeit vorzuverlegen und zukünftige Ereignisse zu offenbaren«.[3]

Der älteste konkrete Nachweis für den Hanfgenuß zu spirituellen Zwecken stammt aus Indien. Der religiöse Text *Athharva Veda* aus der Zeit um 1400 v.Chr. erwähnt das heilige Gras »bhang«, mit dessen Hilfe man mit Schiwa, der Gottheit spiritueller Erleuchtung in der hinduistischen Dreiheit kommunizieren kann. Der Text fleht die heilige Pflanze an, »uns von Unheil zu erlösen« und »vor Krankheiten und allen Dämonen zu schützen«.[4]

Der Cannabisgebrauch gelangte von Indien nach Persien und Assyrien. Bereits 900 v.Chr. verwendeten die Assyrer Hanf als Weihrauch. Der bekannte Religionswissenschaftler Mircea Eliade schreibt, daß »schamanische Ekstase, hervorgerufen durch Hanfrauch, im Altertum im Iran bekannt war«.[5] Damals wurden die psychoaktiven Eigenschaften von Weihrauch verehrt, da sie den Menschen mit übernatürlichen Kräften in Verbindung brachten.

Die alten Griechen und Römer berauschten sich im allgemeinen mit Alkohol, doch trieben sie mit Kulturvölkern Handel, die Cannabis aßen oder inhalierten. Der griechische Historiker Herodot beobachtete im 5. Jh. v.Chr., daß die Skythen im Innern eines Zeltes Hanfsamen auf erhitzte Steine streuten, wobei viel Dampf entstand und »sie vor Lust laut schrien«. Im 2. Jh. n.Chr. beschrieb der griechische Arzt die römische Sitte, mit Gästen Cannabis einzunehmen, um besser und freudiger feiern zu können.[6]

Die Israeliten, die zur Zeit des Alten Testaments

lebten, hatten in ihrer Nachbarschaft ebenfalls mit Menschen zu tun, die Cannabis benutzten. Es gibt viele Hinweise auf das rituelle Verbrennen von Weihrauch, und wahrscheinlich inhalierten auch die ersten Juden genau wie andere Völker des Altertums den Rauch wegen seiner psychoaktiven Eigenschaften. Dr. C. Creighton, ein britischer Arzt, schrieb 1903, daß es sich seiner Meinung nach bei dem »Honig« im Hohen Lied Salomos (5, 1) und in 1. Samuel (14, 25–45) um Cannabis handelt. In diesem Beispiel tauchte Jonathan seinen Stab »in den Honigseim und führte seine Hand zum Munde; da strahlten seine Augen«.[7]

Im Nahen Osten verbreitete sich nach dem Aufstieg des Islams der rituelle Gebrauch von Hanf sehr rasch. Der Alkoholgenuß war untersagt, aber nirgendwo wird ein Verbot von Hanf und seinen Derivaten erwähnt. Seine spirituellen Kräfte wurden besonders von den Sufis geschätzt. Einer ihrer religiösen Führer, ein Mann namens Haider, entdeckte um 500 n.Chr. die euphorisierenden Kräfte der Pflanze. Sufi-Dichter lobten die Wirkungen »der Tasse Haiders«, die den »Duft von Bernstein hat und wie ein grüner Smaragd glitzert«.[8]

Eine Begräbnisurne aus der Zeit um 500 v.Chr. (vgl. Seite 74) enthielt Marihuanablätter und -samen. Sie gilt als erster konkreter Beweis für den Hanfgebrauch in Europa. Obwohl Hanf wegen seiner medizinischen Eigenschaften sehr geschätzt wurde, fehlen vom Mittelalter Beweise für seinen Gebrauch als Halluzinogen. Wahrscheinlich hatte ihn die Ausbreitung des Christentums einfach verdrängt. Im 13. Jahrhundert wurde der Hanf zusammen mit vielen anderen natürlichen Heilmitteln von der Inquisition verboten. Der Gebrauch von Cannabis – zur Kommunikation mit Gott, zum Heilen oder auch zum Feiern – wurde mit Hexerei in Verbindung gebracht, für die man sogar getötet werden konnte. Zu den Betroffenen zählte auch Jean d'Arc, die von der Inquisition beschuldigt wurde, mehrere »Hexenkräuter«, so auch Cannabis, verwendet zu haben, um Stimmen hören zu können.

Die Verwendung von Hanf als bewußtseinsverändernde Droge war so stigmatisiert, daß er in Europa erst Mitte des 19. Jahrhunderts wieder auftauchte, wobei nun die entspannende Wirkung in den Vordergrund rückte. 1845 berichtete der französische Psychiater Dr. Jacques Joseph Moreau (de Tours) von seinen Experimenten mit Hanf, die er mit Haschisch aus Algerien durchführte. Dem medizinischen Publikum beschrieb er die Erfahrung – Euphorie, Halluzinationen, Gedankenflug und Zusammenhanglosigkeit – in nüchternen klinischen Begriffen. Seinen Freunden, unter ihnen der Schriftsteller Theophile Gautier, empfahl er, Hanf unbedingt selbst zu probieren. Gautier gab dies Charles Baudelaire und Alexandre Dumas weiter und schon bald traf sich die Gruppe regelmäßig im Hotel Pimodan als »Club des Hachichins«, um *dawamesk*, einen starken Haschischbonbon, bei ihrem üppigen Essen zu kauen.

In einem Artikel für *La Revue des Deux Mondes* beschrieb Gautier einen der Clubabende: »Ich hatte das Gefühl, daß mein Körper sich aufgelöst hatte und durchsichtig geworden war. Ich erblickte in meinem Innern das Haschisch, das ich gegessen hatte, in Form eines Smaragds, der Millionen winziger Funken ausstrahlte. Bisweilen sah ich meine

Kameraden, aber entstellt – sie waren halb Pflanze, halb Mensch.«[9]

Obwohl der Hanfanbau in Amerika auf das Jahr 1629 zurückgeht, existieren dort bis Mitte des 19. Jahrhunderts keine eindeutigen Berichte, daß es als Rauschmittel gebraucht wurde. Cannabis wurde damals als Medizin eingesetzt, und seine Fähigkeit, »Heiterkeit, Rausch, phantasierende Halluzinationen« hervorzurufen, wurde 1851 im *Dispensatory*, dem amerikanischen Apothekerhandbuch, aufgeführt. Sechs Jahre später veröffentlichte ein junger Amerikaner namens Fitz Hugh Ludlow in dem Buch *The Hasheesh Eater* seine Erfahrungen als Haschischkonsument.

In den nächsten Jahrzehnten scheint es in vielen großen amerikanischen Städten unter der Boheme eine Hanfszene im Untergrund gegeben zu haben. In der Novemberausgabe des Jahres 1883 erschien im *Harper's New Monthly Magazine* ein anonymer Artikel mit dem Titel »Ein Haschischhaus in New York«, in dem der Autor ein »Haus beschreibt, in dem Hanf in jeder vorstellbaren Form genossen wird, und wo Licht, Klang, Duft und Umgebung so arrangiert sind, daß sie die Wirkung intensivieren und steigern«.[10]

Um 1920, zur Zeit der Prohibition, wurde Cannabis immer populärer. Im Süden der USA erlangte New Orleans als Drehscheibe für Cannabis aus Havanna, Tampico und Vera Cruz Berühmtheit. Marihuana errang unter Jazzmusikern Popularität, deren Kunst wie Cannabis eine spirituelle Flucht aus der nüchternen Welt war, und als die Jazzmusiker in die Städte des Nordens zogen, nahmen sie ihr Cannabis mit.

Doch der Marihuanagebrauch breitete sich nicht nur durch die populäre Kultur und Musiker und Künstler aus, sondern auch durch Kriege: Im Zweiten Weltkrieg und im Koreakrieg lernten Tausende von Soldaten die Pflanze zum erstenmal kennen. Viele besuchten nach ihrer Heimkehr die Universitäten und führten Cannabis in diese allseits aufgeschlossene Umgebung ein. Angewidert vom langweiligen Vorstadtleben, enttäuscht von der Selbstzufriedenheit ihrer Eltern, spürte die amerikanische Jugend etwas an ihrer Seele zerren. Eine Stimme tief in ihrem Innern rief nach authentischeren Werten, die im wesentlichen spirituell und nicht materiell sein sollten. Obwohl sich dieses Verlangen erst ein Jahrzehnt später in einer Massenkultur der Jugend durchsetzen sollte, wurde das Muster von den Beatniks der fünfziger Jahre geprägt. Ihr Sakrament war das Marihuana. Die Beatniks idealisierten die verträumte Welt der Boheme im 19. Jahrhundert, aber auch die exotische Großstadtkultur der Jazzmusiker und anderer Künstler, die eine attraktivere Alternative zu dem Leben zu bieten schien, das ihre Eltern für sie ausersehen hatten. In den sechziger Jahren griff das Aufbegehren auf weite Teile der Jugend über, so daß der Cannabiskonsum als sichtbarer Protest eine ganze Generation prägte.

■ *»Der himmlische Führer«: Die Rolle des Hanfs in der spirituellen Kultur*

In der Alten Welt existieren heute noch Überreste der alten, spirituell begründeten Hanftradition neben den eher zeitgenössischen Formen des Genusses. So hat beispielsweise in Osteuropa ein

Brauch überlebt, bei dem als Opfer für die Toten eine Handvoll Hanfsamen ins Feuer geworfen wird. Wahrscheinlich geht dieser uralte Brauch auf die Skythen zurück. In Polen und Litauen wird am Heiligen Abend eine Hanfsamensuppe – *semieniatka* – für die Toten zubereitet, die an diesem Abend angeblich ihre Familien besuchen. Eine auffallende Anzahl von Kulturen stellt eine Verbindung zwischen Cannabis und der Totenverehrung her, zweifellos aufgrund der scheinbaren Fähigkeit von Cannabis, räumliche und zeitliche Grenzen zu überschreiten.

Hanf spielt in fast jeder großen spirituellen Tradition eine wichtige Rolle, in einigen zweifelhaften oder esoterischen Traditionen steht er gar im Mittelpunkt. Im Gegensatz dazu haben sich die großen Religionen des Westens von jedem mystischen Erbe befreit, in dem der Cannabisgenuß vielleicht früher einmal wichtig war. Wie William Emboden bemerkt, neigen westliche religiöse Traditionen dazu, »Sünde, Reue und Kasteiung« zu betonen. Es sind die älteren, nicht-westlichen religiösen Kulte, in denen Cannabis noch immer als Euphorie hervorrufendes Mittel eingesetzt wird, »das dem Teilnehmer einen freudigen Pfad zum Höchsten ermöglicht; daher seine Bezeichnung ›himmlischer Führer‹«.[11]

Der Hinduismus

In der gesamten spirituellen Literatur enthalten die Hinduschriften die ältesten und umfangreichsten konkreten Hinweise auf Cannabis als göttliches Rauschmittel. Wie bereits erwähnt, identifizieren die Weden Bhang als Mittel, um mit ihrem Gott Schiwa zu kommunizieren und sich von der Sünde zu befreien. Eine Geschichte beschreibt, wie Schiwa und die Cannabispflanze miteinander in Verbindung gebracht wurden: Nach einem Streit mit seiner Familie zieht Schiwa auf die Felder, um allein zu sein. Die Sonne brennt, und er sucht Schatten unter einer großen Hanfpflanze, von der er einige Blätter zerdrückt und ißt. Dieser Imbiß erfrischt ihn so sehr, daß er die Pflanze zu seinem Lieblingsessen macht, wodurch er den Namen »Herr des Bhang« erhält. In einem Anhang zum *Indian Hemp Drugs Commission Report of 1893 – 1894* schreibt J. M. Campbell: »Für den Hindu ist die Hanfpflanze heilig. Im Bhang-Blatt lebt ein Hüter... Trifft man jemanden, der Bhang trägt, ist dies ein untrügliches Zeichen für Erfolg. Sieht man Bhang – als Blatt, Pflanze oder Flüssigkeit – im Traum, bringt dies Glück; ... das Verlangen nach Bhang läßt Glück ahnen.«[12]

In alter Zeit war die Vorbereitung des Hanfharzes ein Geheimnis der Brahmanenpriester, die den Konsum von Bhang einschränkten, indem sie den Genuß nur gelegentlich und in begrenzten Mengen als Opfer bei religiösen Feiern zuließen. Später brachte man Kali, die Gattin Schiwas, in mittelalterlichen tantrischen Sexualitätsritualen mit Bhang in Verbindung. Campbell berichtete, daß Anhänger Wischnus – wie Schiwa einer der Götter der hinduistischen Dreiheit – oft Bhang-Opfer darbieten. Die Sikhs, eine Hindu-Seitenlinie, die auf das Jahr 1500 zurückgeht und gegen das Kastensystem und die magische Götzenverehrung ist, konsumieren ebenfalls traditionell Bhang. Ernest Abel schreibt, daß es für die Sikhs Pflicht war, am Dasehera-Feiertag,

Sadhus beim
Hanfkonsum

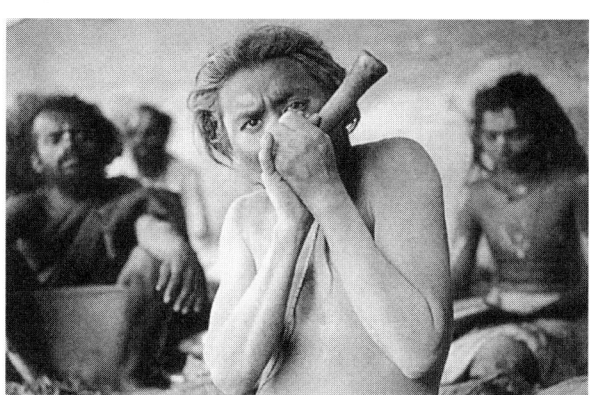

an dem der Religionsstifter geehrt wird, Bhang zu trinken.

Obwohl viele hinduistische Geistliche dies leugnen, speziell diejenigen, die im Westen über eine große Anhängerschaft verfügen, wird von indischen Hindus Cannabis auch heute noch in drei Formen konsumiert: das Bhang-Getränk, das aus getrockneten Blättern zubereitet wird, die klebrigen, starken Blütenspitzen, die als Ganga bezeichnet werden, und das gesammelte Harz, Charas oder Haschisch.

Die heimatlosen Sadhus ziehen aus freier Über-zeugung umher und leben von Almosen. Ihr Haar hängt in langen verfilzten Strähnen herab, und ihre Haut ist mit Staub oder Asche bedeckt. Sie tragen nur ein paar Lumpen oder gar nichts, praktizieren körperliche Enthaltsamkeit und fasten lange, ohne Nahrung oder Wasser zu sich zu nehmen. Bhang hilft ihnen, ihre Gedanken auf das Göttliche zu konzentrieren und Not zu ertragen. Die heilige Pflanze soll auch der allgemeinen Bevölkerung Kraft gegeben haben, um Hungersnöte zu überstehen.

Der Buddhismus

In der buddhistischen Mahayana-Tradition heißt es, daß Buddha in den sechs Jahren asketischer Zucht vor seiner Erleuchtung von einem Cannabissamen pro Tag lebte. Doch die Verwendung von Cannabis in einigen Bereichen der buddhistischen Praxis ist mehr als nur mythisch. So verwenden beispielsweise die tantrischen Buddhisten im tibetanischen Himalaya Cannabis rituell, um die Meditation zu vertiefen und das Bewußtsein zu erhöhen, wie der Botanikprofessor Richard Evans Schultes von der Harvard-Universität und Albert Hofmann, der Entdecker des LSD, berichten. Beide sind führende Experten für psychoaktive Pflanzen.

Der Islam

In seinem Anhang zu *The Indian Hemp Drugs Commission Report of 1893–1894* macht J. M. Campbell deutlich, daß das, was auf die Hindus zutrifft, auch für die Moslems gilt:

Eine so wunderbare Pflanze wie den Hanf zu verbieten oder ihren Verbrauch einzuschränken, würde viel Leid und Ärger verursachen und … auch tiefen Zorn. Man würde die Menschen eines Trostmittels berauben, ihnen ein Heilmittel für Krankheiten nehmen, einen Wächter, der sie vor den Angriffen böser Einflüsse schützt, … Hanf verhilft ihm [seinem Anhänger] zur Gewalt über Körper und Seele, befreit ihn von der Qual des Selbst und versetzt ihn in den Ozean des Seins. Die moslemischen Gläubigen sind von diesen Dingen überzeugt. Wie sein hinduistischer Bruder verehrt der moslemische Fakir Bhang als Verlängerer des Lebens, … Bhang bringt die Vereinigung mit dem göttlichen Geist. »Wir tranken Bhang, und das Rätsel ›Ich bin Er‹ wurde mir klar. Ein so großartiges Ergebnis und eine so kleine Sünde.« [13]

Dennoch unterscheidet der Moslem, wie Campbell bekräftigt, zwischen der Verehrung von Bhang und echtem Gottesdienst, »der allein Allah vorbehalten ist«. Im Islam repräsentiert Bhang nicht den Geist des Allmächtigen, sondern den Geist des Propheten Khizr oder Elias.

Unter den Moslems werden die Sufis am stärksten mit Cannabis in Verbindung gebracht. In *Scandal: Essays on Islamic Heresy* zitiert Peter Lamborn Wilson den türkischen Sufi-Dichter Fuzuli, der behauptet, »Haschisch sei der Sufi-Meister selbst«. Wilson merkt an, daß der Cannabisgebrauch im modernen Sufismus nachgelassen hat und von einigen Sekten völlig verboten wurde. Doch andere moderne Jünger achten es weiter wie früher und gebrauchen es wie in alten Zeiten.

Der Parsismus (Zoroastrismus)

Der Parsismus, der das Christentum, den Islam und später den Judaismus stark beeinflußte, geht auf das Jahr 500 v.Chr. zurück. Er entstand in Persien, hat jedoch ursprünglich hinduistische Wurzeln. So erklären die Autoren von *Green Gold, the Tree of Life: Marijuana in Magic and Religion*, daß »ein großer Teil des *Zend-Avesta*, des Buches, das die

Lehren von … Zoroaster (Zarathustra) … enthält, direkt von den hinduistischen Weden abstammt«.[14]

Es wird spekuliert, ob es sich bei der als *haoma* bezeichneten Substanz, die im zoroastrischen Mythos eine zentrale Rolle spielt, in Wirklichkeit um Hanf handelt. In der Geschichte der Geburt Zoroasters, des mythischen und vielleicht historischen Religionsstifters, dreht sich alles um Haoma. Die Seele des Propheten kommt mit dem Regen auf die Erde, sie wächst zu Pflanzen heran, die von den Kühen seiner Eltern gefressen werden, und der Seelenkörper geht in die Milch über. Seine Eltern trinken eine Mischung aus dieser Milch und Haoma, schlafen miteinander und empfangen Zoroaster, der lachend die Welt betritt.[15]

Haoma ist von gelber oder goldener Farbe und soll an Berghängen wachsen, die von Wissenschaftlern als das Hindukusch-Gebiet identifiziert wurden. Bennett und seine Kollegen weisen darauf hin, daß reifer Hanf im Nahen Osten und in Indien genau diese Farbe aufweist und daß das Ganja aus dem Hindukusch legendär für seine Stärke ist.[16]

Doch auf unerklärliche Weise werden die Hinweise auf Haoma in der Literatur immer weniger und statt dessen durch Bhang-Feiern ersetzt. Heute überlebt der Parsismus hauptsächlich bei den Gabaren im Iran und den Parsen in Indien.

Die Heiligen Drei Könige in der Geschichte von Christi Geburt waren vermutlich zoroastrische Meister, und viele Befürworter von Hanf spekulieren, daß Cannabis unter den Geschenken gewesen sein könnte, die dem neugeborenen Christus dargebracht wurden. Die Hanfforscherin Sula Benet weist darauf hin, daß Letten und Ukrainer bis in die jüngste Zeit zum »Dreikönigstag« ein Gericht aus Hanf zubereiteten. In den Traditionen beider Kulturen (und auch in der irischen Kultur) ist überliefert, daß junge Frauen ihre zukünftigen Ehemänner mit der Hilfe von Hanf vorhersehen können.

Der Judaismus

Wie bereits erwähnt, hatten die Juden sicherlich mit Kulturen Kontakt, die Cannabis verwendeten, und Behauptungen, daß ihre eigenen religiösen Praktiken frei von psychoaktiven Substanzen – abgesehen vom Sakramentswein – waren, können angezweifelt werden. Sula Benet schreibt, daß »die erstaunliche Ähnlichkeit zwischen dem semitischen *kanbos* und dem skythischen *cannabis* mich zu der Annahme führt, daß das skythische Wort semitischen Ursprungs war«.[17] Etymologen an der hebräischen Universität von Jerusalem stützten 1980 diese These mit der Feststellung, wonach das alttestamentliche Wort *kineboisin* tatsächlich Cannabis bedeutet. Peinlich berührt wiesen Repräsentanten der jüdischen und christlichen Hauptströmung darauf hin, daß *kineboisin* nur Teil eines heiligen Salbungsöls war, das Moses auf Gottes Befehl hin äußerlich auftragen sollte (2. Buch Mose 30, 23–33). Doch wenn die Verwendung von Cannabis in diesem Fall zugegeben wird, wäre es dann nicht auch wahrscheinlich, daß man es als Weihrauch einsetzte, der der Bibel zufolge von den Juden bis etwa 300 v.Chr. in Riten verwendet wurde?

Afrikanische Traditionen

Auf dem afrikanischen Kontinent stößt man überall auf den Gebrauch von Cannabis zu religiösen, aber auch zu bewußtseinsverändernden Zwecken. Cannabis, das hier meist als *dagga* bezeichnet wird, ist Sakrament und Medizin für die Pygmäen, Zulus und Hottentotten. Im Altertum war Äthiopien als »Land des Weihrauchs« bekannt – ein Land, das noch immer für sein starkes Haschisch gerühmt wird.

Das äthiopische Christentum, in dem der Cannabisgebrauch weithin üblich ist, entstand vor der Gründung der römisch-katholischen Kirche. Doch die Verwendung von Cannabis mag noch weiter zurückgehen: Die äthiopisch-koptische Zion-Kirche pflegt eine auf Cannabis beruhende Eucharistiepraxis, die von den Kirchenältesten durch mündliche Überlieferung auf die Zeit vor Christus zurückverfolgt wird.[18] Eingeborene, die aus diesem Gebiet als Sklaven nach Jamaika kamen, brachten ihre Cannabis-Spiritualität mit und legten so möglicherweise den Grundstein für deren Übernahme durch die moderne Rasta-Bewegung.

William Emboden, ein Spezialist für psychoaktive Pflanzen, berichtet, daß die Menschen des Sambesi-Tals im Süden Afrikas gemeinschaftlich den Rauch von glimmenden Hanfhaufen inhalierten. Ende des 19. Jahrhunderts setzten die Baloubas, ein Bantu-Stamm im früheren Belgisch-Kongo, Dagga ein, um die zahlreichen Stämme zu einem einzigen zu vereinigen. Die Rauschdroge diente als Ersatz für die verschiedenen Stammesgottheiten. Sie fand so großen Anklang, daß sich alle *bena-Riamba* – Söhne des Cannabis – nannten.[19]

Im heutigen Nordafrika haben viele Menschen noch immer Zimmer in ihren Häusern, in denen Kif geraucht wird, während traditionelle Geschichten, Tänze und Lieder an die junge Generation weitergegeben werden.[20]

Der chinesische Taoismus

Der Historiker Joseph Needham schreibt die Gründung von Mount Shao, dem ersten wichtigen Zentrum taoistischer Praxis (um 350 n.Chr.), teilweise dem Cannabisgenuß des Weisen Yang Hsi zu. Unter dem Einfluß der Pflanze hatte Yang Hsi eine Reihe von Visionen von der Dame Wei, den Brüdern Mao und anderen Mitgliedern des Pantheons, die durch ihn heilige Texte übermittelten.[21] Zum Leidwesen der Historiker, die sich mit Hanf beschäftigen, berichteten die alten Taoisten nur über die sakramentale Verwendung von Cannabis bei anderen, aber nicht bei sich selbst. T'ao Hung-Ching, der herausragende taoistische Weise des 5. Jahrhunderts, bemerkte in seinem Buch *Ming-i pieh-lu*, daß »die Weisen sagen«, Hanfsamen, zusammen mit Ginseng verzehrt, verleihe einem die Fähigkeit, Ereignisse vorherzusehen. Auch andere taoistische Texte dokumentieren den Hanfgebrauch durch weise Männer und Alchimisten:[22] So heißt es beispielsweise in der taoistischen Sammlung *Wu Shang Pi You* (Das Wesentliche aus den unvergleichlichen Büchern) aus dem 6. Jahrhundert, daß Alchimisten ihrem Weihrauch Cannabis zusetzten.

Eine späte Ausgabe des chinesischen Heilkundebuches *Pen Ts'ao*, das dem Kaiser Shen Nung zugeschrieben wird, bestätigt, daß Hanf, über einen langen Zeitraum genommen, dazu verhilft, mit den Geistern zu kommunizieren. Meng Shen, ein Arzt aus dem 7. Jahrhundert, ergänzte, man müsse mindestens drei Monate lang Hanfsamen essen, um Geister auf diese Weise sehen zu können.[23]

Es gibt auch Hinweise auf einen Austausch zwischen dem Taoismus und mystischen Traditionen in Persien und Indien, die Hanf verwendeten, weshalb einige Wissenschaftler in dem klassischen taoistischen Text *Das Geheimnis der goldenen Blume* zahlreiche Andeutungen in bezug auf Hanf vermuten. So in dem folgenden Ratschlag zu Weihrauch: »Wenn morgens genug Zeit ist, sollte man sich während des Verbrennens eines Weihrauchstäbchens hinsetzen – das ist das Beste. Am Nachmittag stören die menschlichen Angelegenheiten, und man kann leicht in Trägheit verfallen.«[24]

Japanische Traditionen

Seeleute brachten den Hanf nach Japan, wo er als *asa* bezeichnet wurde und in vielen traditionellen Ritualen und Geschichten eine wichtige Rolle spielte. Die Schinto-Priester im alten Japan sollen Zeremonienstäbe – *gahei* – verwendet haben, an deren einem Ende ungefärbte Hanffasern befestigt waren, die Reinheit symbolisierten. Wedelte man die Fasern über dem Kopf eines Menschen, sollte dies böse Geister aus seinem Körper vertreiben. Hanf fand auch Anwendung in den Heiratsgebräuchen früherer Zeiten. So schickte die Familie des Bräutigams Hanfgeschenke an die Familie der Braut, um zu zeigen, daß sie von ihnen angenommen wurde. Faserstränge wurden bei Hochzeiten als ein Symbol der Gehorsamkeit der Frau gegenüber ihrem Mann aufgestellt. Der Hanfaktivist Jack Herer hat Belege dafür gefunden, daß Marihuana im Schintoismus eingesetzt wird, um verheiratete Paare aneinander zu binden und ihre Beziehung mit Gelächter und Glück zu schmücken.

Das Christentum

Die puritanische Orientierung des modernen Christentums gegenüber Rauschpflanzen untergräbt seine Einstellung während der Frühgeschichte der Religion. Speziell die christliche Tradition der Eucharistie stammt möglicherweise von früheren sakramentalen Traditionen im Hinduismus oder Parsismus ab, in denen Hanf und andere psychoaktive Substanzen verwendet wurden. Manche Kommentatoren legen mit annehmbarer Logik, aber wenigen konkreten Beweisen nahe, daß Jesus die Zeremonie möglicherweise direkt von anderen Sekten, die Hanf einsetzten, erlernte – vielleicht von den Gnostikern, obwohl auch deren Wissen um den Hanf nur vermutet wird und nicht dokumentiert ist. Die gleiche Logik kann zu der Annahme führen, daß in den frühen Abendmahlzeremonien Hanf selbst eine Rolle spielte.

Westlicher Okkultismus, Alchimie und Mystizismus

Aufgrund der offensiven Ablehnung der Kirche sind in Europa konkrete Hinweise auf Cannabis vom Mittelalter bis zur Mitte des 19. Jahrhunderts selten. In dem Buch *Green Gold, the Tree of Life* machten die Autoren darauf aufmerksam, daß sowohl die frühen Rosenkreuzer als auch die Freimaurer die Kräfte von Cannabis durch ihren Kontakt mit arabischen Quellen kennenlernten. Esoterische und alchimistische Texte aus dem Mittelalter enthalten umfangreiche Hinweise auf den Sufismus und Parsismus. Auch die Schriften von Francois Rabelais brachten die einst heimlichen Verbindungen zwischen Cannabis und esoterischem Wissen ans Tageslicht.

Von den späteren Okkultisten schrieb Aleister Crowley (1875–1947) in seinem Essay »The Psychology of Hashish« aus dem Jahr 1907 voller Begeisterung über Cannabis. Zu seinen Schülern und den Kennern von Haschisch zählte der Sciencefiction-Autor H. G. Wells. Der Dichter W. B. Yeats beschreibt seine Haschischerfahrungen in *The Trembling of the veil* (1926).

Die Rasta-Bewegung

Die in den dreißiger Jahren in Jamaika gegründete Rasta-Bewegung ist das beste Beispiel für den Cannabiseinsatz zu höheren Zwecken. Im wesentlichen spirituell, aber über die Religion hinausgehend, ist die Rasta-Bewegung auch eine soziale, kulturelle und politische Philosophie für ihre Anhänger, und das Rauchen von Ganga ist von zentraler Bedeutung. Rastas – die Anhänger der Bewegung – behaupten, daß Ganga als »Kraut der Weisheit« dem »Heilen der Nation« diene. Belege dafür finden sich in der westlichen Bibel, ähnlich wie dies auch bei den ägyptischen und äthiopischen Kopten der Fall ist.[25] Sie glauben, daß das Cannabisrauchen auf rituelle Weise Körper und Geist reinigt und den Benutzer auf die Meditation, das Gebet, das Empfangen von Weisheit, Vernunft und Harmonie mit anderen – ein zentraler Wert für die Rastas – vorbereitet.

Die Rasta-Bewegung, die das afrikanische Erbe der schwarzen Jamaikaner feiert, ist in der Faszination für Äthiopien verwurzelt, ein Land, das selbst ein Zentrum einer von Cannabis beeinflußten religiösen Kultur ist. So glauben die Rastas, daß der verstorbene Kaiser Haile Selassie eine Reinkarnation Gottes war.

Während einerseits die Wurzeln für die Ganga-Spiritualität wohl im äthiopischen Koptentum liegen, können andererseits hinduistische Einflüsse über eingewanderte Arbeiter aus Indien nicht ausgeschlossen werden. Als die schwarzen Sklaven Mitte des 19. Jahrhunderts in der britischen Karibik ihre Freiheit erhielten, wurden sie durch Vertragsarbeiter aus Indien ersetzt. Dort fanden sie wildwachsenden Hanf vor, das Ergebnis eines 1800 aufgegebenen britischen Plantagenprojektes. Unter den vielen Rasta-Wörtern für Cannabis – *herb, iley, I-Shence, Kaya, lambsbread* und so weiter – gibt es zwei eindeutig hinduistisch klingende Namen: Ganga und Kali.

■ *Kind der Göttin: Hanf und die Verehrung der Großen Mutter*

Aus der Perspektive mystischer Spiritualität betrachtet, ist die Geschichte der menschlichen Religion eher rückschrittlich, denn sie bewegt sich weg von der Harmonie mit der Natur und weg von der persönlichen Erleuchtung, um diese Harmonie zu erreichen. Dabei geht das Verständnis für die Kräfte des Weiblichen, in den alten Religionen als Große Mutter oder Göttin-Prinzip repräsentiert, verloren. Es ist kein Zufall, daß Religionen die Verwendung halluzinogener Pflanzen zu religiösen

Zwecken verbieten, wenn sie beginnen, Frauen zu unterdrücken.

Im Altertum wurde das Weibliche gefeiert. Die Menschen erkannten das Bild der Mutter in der Erde, die Leben hervorbrachte und unterstützte. Die Erde brachte auch eine besondere Klasse von Pflanzen hervor, die Körper und Geist nährte und die Tore zu den großen Geheimnissen der Schöpfung öffnete. Am klarsten sieht man diese Beziehungen im Hinduismus, in dem Cannabis mit Schiwa und seiner Gemahlin identifiziert wird. Oft werden sie in sexueller Vereinigung dargestellt.

Später zählten der Buddhismus und das gnostische Christentum zu den Religionen, die diese Konzepte übernahmen und – zumindest im Fall des Buddhismus und wahrscheinlich auch bei den Gnostikern – auch die Verwendung von Drogenpflanzen wie Cannabis.

Terence McKenna nutzt diese alten Themen, um seine Vision einer harmonischeren Zukunft zu konstruieren:

Unsere gegenwärtige globale Krise reicht tiefer als jede bisherige geschichtliche und erfordert daher eine ähnlich drastische Lösung. Ich schlage vor, daß wir die Pflanze zum Organisationsmodell für das Leben im 21. Jahrhundert wählen, so wie der Computer das beherrschende mentale/soziale Modell des ausgehenden 20. Jahrhunderts zu sein scheint ...

Das heißt, daß wir auf Modelle zurückgreifen, die vor 15.000 bis 20.000 Jahren erfolgreich waren. Dann wird es möglich sein, Pflanzen als Nahrung, Behausung, Kleidung und Quellen für Erziehung und Religion zu sehen. [26]

McKenna bezeichnet seine Vision als Archaische Erneuerung, bei der es um

die Wiedergeburt der Göttin und das Ende der profanen Geschichte geht... Die Rückkehr zum Busen der planetaren Partnerschaft bedeutet, die Sichtweise des durch Geschichte geschaffenen Egos gegen einen stärker mütterlichen und intuitiven Stil einzutauschen. [27]

Eine globale Geschichte des Hanfs

Die Geschichte der Menschheit spielt sich nicht in einem Vakuum ab, sondern ist mit der Geschichte unzähliger anderer Arten verwoben. Wenn wir Pflanzen und Tiere zum Teil unseres Lebens machen, ändert sich unser Weg und der ihre für immer. Um unsere Zukunft zu erkennen, müssen wir auf die Vergangenheit vieler Arten zurückblicken, und wenn wir deren Geschichte verstehen, können wir die eigene besser erklären.

Keine andere Pflanze hatte je eine so komplexe Beziehung zur Menschheit wie der Hanf. Seine Historie verlief nicht geradlinig neben der unseren, vielmehr durchkreuzte die Pflanze ständig unseren

Weg, verschwand bisweilen völlig, um dann wieder – oft aus einer ganz anderen Ecke – aufzutauchen, wenn wir es am wenigsten erwarteten.

■ China

Hanf entwickelte sich wahrscheinlich in Zentralasien, wo er als erste Faserpflanze kultiviert wurde. Baumwolle aus Indien und Flachs aus dem Mittelmeerraum wurden erst Jahrtausende später eingeführt. In diesem Entwicklungszustand der Zivilisation war Hanf einer der Fäden, der die Gemeinschaften zusammenhielt. Die Menschen hatten zuvor Pflanzen (einschließlich Hanf) zur Nahrungsgewinnung kultiviert, aber der Hanf lieferte ihnen Material für ihre Handwerkskünste. Das einfache Volk fertigte seine gesamte Kleidung aus Hanf an, nur die Reichen konnten sich den Luxus von Seide leisten. Hanf und Maulbeerbäume (die Nahrung der Seidenraupen) waren so wichtige und weit verbreitete Pflanzen, daß der Begriff »Land des Maulbeerbaumes und Hanfs« ein Synonym für China wurde.

Vielfältige Funde aus Grabstätten und anderen Orten in ganz China demonstrieren die fortwährende Kultivierung des Hanfs seit vorgeschichtlicher Zeit. Eine 12 000 Jahre alte jungsteinzeitliche Fundstelle in Yuan-shan (im heutigen Taiwan) enthielt Reste von grober Keramik, in deren Oberfläche mit Hanfkordeln Muster eingedrückt waren, sowie einen gravierten rutenförmigen Stößel, mit dem Hanf zerkleinert wurde. Eine Grabung in der Provinz Zheijang förderte mehrere Textilien aus Hanf und Seide aus der späten Jungsteinzeit (um

Die ursprüngliche Heimat des Hanfs (schraffiert) und Regionen, in denen er heute wächst (schattiert).

4000 v.Chr.) zutage. Reste einer Hanfwebindustrie entdeckte man in einer Ausgrabungsstätte der Shang-Kultur (1400–1100 v.Chr.) in dem Dorf Taixi in der Provinz Hebei. Dort fand man Fragmente von verbranntem Hanfstoff und eine Rolle Hanftuch in 13 Teilen.[1]

Mehr als 1000 Objekte wurden in einem Zhou-Grab in Hsin-Ts'un in der Nähe von An-Yang geborgen: neben Gold, Jade, Marmor, Seide, Lack und anderen wertvollen Materialien auch Hanfprodukte. Der innere Sarg bestand aus Holzbrettern, die mit Bändern aus Hanftuch verstärkt waren. Ein Grab aus der späten westlichen Zhou-Dynastie, das in der Provinz Shaanxi entdeckt wurde, enthielt Bronzegefäße, Waffen, Jade, Keramiken und ein dichtgewebtes Hanftuchfragment.[2]

Bisweilen sind alte Bücher die besten Archäologen. Mehrere betonen die Rolle des Hanfs in der Frühgeschichte Chinas. Im *Shu Ching* (um 2300 v.Chr.) heißt es, daß das Land in der Provinz Shantung »weißlich und reich ist… mit Seide, Hanf, Blei, Kiefern und seltsamen Steinen…« und daß die Menschen im Tal von Henan ihren Herrschern mit Hanf Tribut zahlten. Die Krieger trugen Rüstungen, die mit Hanfschnur vernäht waren, und Hanfsehnen an den Bögen waren den Bambussehnen so überlegen, daß sie viele Schlachten entschieden. Hanf wurde um alle Burgen herum angepflanzt, um die Stärke des Militärs der Burgherren zu sichern.[3]

Das älteste Arzneibuch überhaupt, das *Pen Ts'ao*, wurde im 1. oder 2. Jh. v.Chr. aus noch älteren Fragmenten zusammengestellt, die dem legendären Kaiser Shen Nung (um 2300 v.Chr.) zugeschrieben

werden. Darin wird erwähnt, daß Hanf »an den Flüssen und in den Tälern des Taihang Shan wächst, aber heute überall anzutreffen ist«.[4] Im ersten Lexikon, *Shuo-wen chieh-tzu*, werden vier Variationen für *ma* (Hanf) aufgeführt. Das *Chi-chiu-pien*, eine Fibel aus dem 1. Jh. v.Chr. zum Lesen- und Schreibenlernen, führt Reis, Hirse und Hanf in einem Satz auf.[5]

Von diesen ersten Büchern gab es nur wenige, weil die Holz- und Bambustafeln sehr schwer waren und das seltene seidene »Protopapier« *zhi* sehr teuer. In der Han-Dynastie (207 v.Chr. – 220 n.Chr.) entdeckte man, daß die Fasern des Hanfs eine preiswerte und sehr leichte Schreiboberfläche ergaben, wenn sie zusammen mit der Rinde des Maulbeerbaumes zerstampft wurden.

Die Ausgrabung eines zerfallenen Wachturms in Tsakhortei brachte ein Papierexemplar ans Tageslicht, das im 2. Jh. n.Chr. beschrieben worden war. Andere Papierreste wurden 1974 in einem Grab in der Provinz Kansu entdeckt. Die ausgegrabenen Stücke Hanfpapier befanden sich an einem Ochsenkarren, an dem sie in drei Schichten mit Holzleisten festgenagelt worden waren. Die vielleicht ältesten Exemplare von erhaltenem Papier wurden in einem Grab in der Nähe von Xian in der Provinz Shaanxi entdeckt. Das Grab und die Objekte stammten aus der Zeit der Herrschaft von Wudi aus der westlichen Han-Dynastie (140–87 v.Chr.). Ein Fragment der *Lun Yu* (Analekten) von Konfuzius, 716 n.Chr. auf gebleichtem weißem Hanfpapier geschrieben, wurde auf einem Friedhof in Tirfan in der Provinz Sinkiang gefunden. Hier stieß man auch auf ein schönes Paar Schuhe aus Hanfpapier, die mit Hanfgarn vernäht waren. Im Jahr 770 war Hanf wieder zur Stelle, um der Menschheit bei ihrem nächsten Schritt zu helfen – beim Drucken des ersten Buches, *Dharani*. Dabei handelt es sich um eine Sammlung von Gebeten auf reinem Hanfpapier.

Hanfpapier ist geschmeidig, robust, fein und wasserdicht. Aufgrund dieser Eigenschaften war es für offizielle Dokumente, Bücher und Kalligraphien sehr beliebt. Im *Hsin Thang Shu* heißt es, daß der Hof der Jin-Dynastie den Gelehrten in der Akademie der großen Persönlichkeiten jeden Monat 5000 Bogen Hanfpapier zur Verfügung stellte. Hanfpapier aus I-Chouo (das heutige Szechuan) wurde für alle Bücher in der kaiserlichen Bibliothek in der Khai-Yuan-Periode (713–742 n.Chr.) verwendet.

Ein paar Fragmente frühen Hanfpapiers gruben Archäologen in Korea aus, so auch ein dickes, starkes, gebleichtes und glänzendes Stück *chi-lin chih* (Papier aus dem Silla-Königreich). Dabei handelte es sich um einen Tribut für die Chinesen, deren Gelehrte und Künstler die feine Qualität schätzten.

Hanf wird im *Fan Sheng-chih shu*, einer Abhandlung aus dem 1. Jh. n.Chr. über die Landwirtschaft, umfassend behandelt. Danach wurden Hanfsamen durch Eintauchen in einen Absud aus Pferdeknochen, Eisenhut, Seidenraupen und Schafdung vorbereitet.[6] Im 6. Jahrhundert war der Gebrauch von Hanfsamen als Grundnahrungsmittel stark zurückgegangen. Schließlich wurden sie durch weniger ölhaltige Getreide ersetzt, und der Nährwert des Hanfs geriet in Vergessenheit. Die chinesischen Bauern stellten aus Hanfsamen außerdem ein schwarzes Färbmittel für ihre Kleidung her.

Hanf spielt auch in der Geschichte der chinesischen Medizin eine Rolle. Der große Arzt Hua Tuo (141–208 n.Chr.) formulierte das Rezept für *ma-yo* (Hanfwein) und *ma-fei-san* (Hanfkochpulver) aus Cannabis und Eisenhut, das er bei seinen Operationen als Betäubungsmittel einsetzte.[7]

Das Heilkundebuch *Pen Ts'ao* klassifiziert *ma* sowohl als yin (weiblich, *chu-ma*) als auch yang (männlich, *i-ma*). Nach Kaiser Shen Nung war *chu-ma* eines der »Erhabenen Elixiere der Unsterblichkeit«, und er riet den Chinesen, aufgrund der größeren medizinischen Wirkung nur die weiblichen Pflanzen anzubauen. Die höfische Etikette während der Zhou-Dynastie (770–221 v.Chr.) forderte, daß zu den zeremoniellen Geschenken von Besuchern auch *ma fen* gehörte.

Im 9. Jahrhundert brachten Botschafterinnen aus dem »Land der Barbaren« (Indochina) dem Kaiser Tributgaben dar, die ihrer Angabe nach »aus veredeltem Wasser des duftenden Hanfes« hergestellt wurden. Der Hof beschrieb es als »glänzend und strahlend. Es steckte die Menschen mit seinem süßlich riechenden Aroma an. Damit und mit der Mischung der Fünf Farben darin war es hinreißender und schöner als die Brokatstoffe unserer zentralen Staaten«.[8]

■ *Indien und der Nahe Osten*

Die Chinesen waren vielleicht die ersten, die die Hanffaser nutzten, aber in Indien kamen die »bewußtseinserweiternden« Eigenschaften der Pflanze zum erstenmal voll zur Geltung. Das letzte Kapitel zeigte bereits, daß Hanf ein wesentlicher Bestandteil der hinduistischen Religion war. Doch auch hier wurde Hanf nicht immer zu religiösen Zwecken verwendet. Krieger tranken Bhang, um vor einer Schlacht ihre Nerven zu beruhigen, und wie überall, wo die Pflanze angebaut wurde, diente sie zur Heilung einer Vielfalt von Krankheiten.

Der früheste bekannte indoarische Name für Hanf ist *bhanga* und geht auf das indoarische Wort *an* oder *bhanj* zurück, was »brechen« bedeutet. Der moderne Begriff *cannabis* entwickelte sich aus den Worten *sana* oder *cana* aus dem Sanskrit. Der regionale Name Bengalen bedeutet »Bhang-Land« und Bangladesch heißt »Menschen aus dem Bhang-Land«.[9]

Die Indoarier, die in Indien einfielen, drangen auch in den Nahen Osten vor und breiteten sich in Europa bis nach Frankreich aus – überall säten sie Hanfsamen aus. Doch in Mesopotamien war man ihnen zuvorgekommen: Eines der ältesten archäologischen Relikte ist das Fragment eines Hanftuchs, das in Çatal Hüyük gefunden wurde und aus der Zeit um 8000 v.Chr. stammt. Die Pflanze wird in assyrischen Texten erwähnt, in denen sie als *qu-nu-bu* oder »Mittel gegen den Kummer« bezeichnet wird. Die phrygischen Stämme, die um 1000 v.Chr. in das Hethiter-Reich eindrangen, webten ebenfalls mit echter Hanffaser. Ausgrabungen in der phrygischen Stadt Gordion nahe Ankara in der Türkei brachten Hanfstoffe aus dem späten 8. Jh. v.Chr. ans Tageslicht. Weiterhin wird Cannabis auf Keilschrifttafeln aus der Zeit um 650 v.Chr. erwähnt, die in der Bibliothek des babylonischen Herrschers Assurbanipal gefunden wurden. In Persien hießen die Hanfsamen *shahdanah* oder »Samen des Kaisers«.[10]

Die Skythen trugen die Popularität des Hanfs nach Westen, als sie von Sibirien über den Mittleren und Nahen Osten bis nach Europa vordrangen, wo ihre Nachfahren schließlich einen großen Teil des Baltikums und Osteuropas besiedelten. Beweise für die Verehrung des Hanfs lieferten 1993 russische Archäologen, die das 2000 Jahre alte Grab einer jungen skythischen Prinzessin auf dem sibirischen Umok-Plateau entdeckten. Sechs Pferde mit komplettem Geschirr waren zusammen mit dem Mädchen begraben worden, dessen tätowierter Körper mit Pelz, Moos und Torf ausgestopft war. Der Leichnam lag in einem ausgehöhlten Lerchenstamm, der sich in einer hölzernen Kammer zusammen mit einem Besen, Geschirr, einem Spiegel und einem kleinen Topf Cannabis befand. Dieser Fund war fast identisch mit dem Grab eines skythischen Häuptlings, das 1929 in Sibirien entdeckt worden war und exakt den Beschreibungen skythischer Begräbnisriten durch Herodot entsprach.[11]

■ *Die Skythen ernteten Hanf mit einem krummen Schnittwerkzeug, das auch zum Ernten anderer Pflanzen ideal war. Das Gerät wird noch heute in vielen Teilen der Welt benutzt – die Sense.*
■

Wir verdanken dem Hanf das Wort *Assassine* (Meuchelmörder), eine Assoziation, die Mitglieder des amerikanischen Kongresses in den dreißiger Jahren gegen die Pflanze einsetzten. Die Wortschöpfung *Assassine* stammt von dem arabischen Wort *hashashin* ab, was Haschischesser bedeutet, und wurde von Marco Polo nach Europa gebracht. Als dieser 1271 durch Persien reiste, hörte er Geschichten über die fanatischen Anhänger eines Kults unter Hasan-ibn-Sabah, der für seine Morde bekannt war. Die Araber bezeichneten diesen Kult als *hashashin*, doch handelte es sich dabei um einen abfälligen Oberbegriff aus der damaligen Zeit. Ob die Mitglieder tatsächlich Haschisch verwendeten, ist nicht bekannt. Polo hingegen nahm den Namen wörtlich, und bald nach seiner Rückkehr nach Italien hörte man überall in Europa Geschichten über *Assassine*, die von Haschisch besessen waren.[12]

■ *Afrika*

Bereits im 3. Jt. v.Chr. kannte man die echte Hanfpflanze in Ägypten. Das altägyptische Wort für Hanf, *smsm t*, taucht in den Pyramidentexten im Zusammenhang mit der Seilherstellung auf. Stücke aus Hanfstoff wurden im Grab des Pharao Echnaton (Amenophis IV.) in el-Amarna gefunden, und Pollen auf der Mumie von Ramses II. (um 1200 v.Chr.) wurden als die von Cannabis identifiziert. Der Papyrus von Ramses III. (A. 26) wies ein Rezept gegen Bindehautentzündung auf, und der Ebers-Papyrus schlug »ein Heilmittel zur Kühlung der Gebärmutter«, einen Klistier und einen Breiumschlag zur Behandlung eines verletzten Zehennagels vor. All diese Rezepte enthielten *smsm t*.[13]

Hanf wurde beim Bau der Pyramiden eingesetzt, und zwar nicht nur in Form von Seilen zum Ziehen der Kalksteinblöcke, sondern auch in den Steinbrü-chen, in denen die getrockneten Fasern in Risse im Felsgestein geschlagen und dann angefeuchtet wurden. Durch das Anschwellen der Faser zerbrach das Gestein.

In el-Amarna fand Sir W. Flinders Petrie eine große Matte aus Palmfasern, die mit Hanfschnur zusammengebunden war, bei anderen Ausgrabungen stieß man auf Grabbekleidung aus Hanf aus der Badarikultur, aus der vordynastischen, der griechischen und römischen Zeit.

Die Punier, die Erbauer von Karthago in Nordafrika, beherrschten den Mittelmeerraum vom 11. bis 8. Jh. v.Chr. Eines ihrer Kriegsschiffe, das vor der Küste Siziliens gefunden wurde, enthielt eine große Menge von Hanfstengeln; die Archäologen spekulieren nun, ob die Ruderer Hanf kauten, um gegen die Ermüdung anzukämpfen. Hanf wurde auch zum Abdichten des Schiffsrumpfes und natürlich für das Tauwerk eingesetzt.[14]

Obwohl es keine archäologischen Hinweise dafür gibt, daß die alten Ägypter die Rauschwirkungen von Hanf kannten, breitete sich der Cannabisverzehr zu spirituellen Zwecken oder zum Vergnügen schließlich in ganz Afrika aus.

Haschisch war in allen arabischen Ländern bekannt, doch unter den Sufis, einer religiösen Sekte, wurde es bald Teil der Religion selbst, ähnlich wie Bhang und Ganja bei den Hindus. Die Sufis – so bezeichnet, weil sie Wolle (*suf*) trugen, um Buße zu tun – unterschieden sich von den anderen Moslems durch den Glauben, daß spirituelle Erleuchtung nur allein im Zustand veränderten Bewußtseins erreicht werden könnte, und zum Erreichen dieses Trancezustands nahmen sie Haschisch.[15]

Die Hippies der arabischen Welt

Frustriert vom religiösen und politischen Klima, löst sich eine Generation von der Gesellschaft. Sie lehnt den Materialismus ab und möchte ein einfaches, gemeinsames Leben näher an der spirituellen Wahrheit leben. Die Mitglieder dieser Bewegung kleiden sich anders als die übrige Gesellschaft und betrachten Cannabis als Werkzeug ihrer Verbundenheit. Aufgrund ihres anderen Verhaltens und weil sie nicht arbeiten, werden sie von der herrschenden Kultur, die Cannabis als Ursache ihres »Niedergangs« betrachtet, verunglimpft.

Kommt Ihnen das irgendwie bekannt vor? Bei der hier beschriebenen Gruppe handelt es sich nicht um die Hippies, und bei der Gesellschaft nicht um die USA Ende der sechziger Jahre. Gehen Sie eintausend Jahre weiter zu den Sufis zurück, eine Gruppe, die Ernest Abel als »die Hippies der arabischen Welt bezeichnet«.

So wie die Hippies der sechziger Jahre ein Spiegelbild der Sufis im Mittelalter waren, hat der Kampf heutiger Regierungskreise gegen Drogen ebenfalls Vorgänger in der Geschichte. Besonders berüchtigt war der 125 Jahre dauernde Kreuzzug in Kairo, mit dem die Stadt vom Haschisch gesäubert werden sollte. 1253 nahmen die Sufis und damit auch der Haschisch in Kairos Straßen überhand. Hanf wuchs im Cafour, einem Garten inmitten der Stadt.

Als die Behörden der Meinung waren, daß die Situation außer Kontrolle geraten war, wurden alle Hanfpflanzen in Kairo in einem kilometerweit sichtbaren Feuer verbrannt.

Wie jeder Beobachter der heutigen Drogenkriege hätte voraussagen können, verschwand der Hanf nicht, sondern der Anbau wurde daraufhin nur in Gebiete außerhalb der Stadt verlegt. 1324 versuchte die Stadt erneut, den Haschischkonsum der Bürger zu unterbinden. Dreißig Tage lang durchstöberten Truppen die Felder, um jede Hanfpflanze, die sie finden konnten, zu vernichten. Doch bald mußte man einsehen, daß man zwar die Gärten in Stadtnähe kontrollieren konnte, aber daß die ländlichen Gegenden zu groß und unübersichtlich und der Hanfanbau zu leicht und lukrativ war.

1378 unternahmen die Stadtväter den nächsten – aus unserer Sicht – verhängnisvollen Schritt: Folter und Ermordung der Bürger. Auf Anordnung des Emirs von Joneima wurden die Bauern gejagt, hingerichtet oder ins Gefängnis geworfen. Bekannte Haschischraucher trieb man zusammen und riß ihnen vor der verschreckten Bürgerschaft mit Zangen die Zähne aus. Natürlich änderte dies bis auf den heutigen Tag nichts am Haschischkonsum.[16]

Viele Nordafrikaner rauchen Kif, das sie in einem *mottoni* (Beutel) in zwei oder vier Taschen mit sich herumtragen. Jede Tasche enthält Kif unterschiedlicher Stärke, der den Gästen entsprechend dem ihnen gebührenden Respekt oder Freundschaftsgrad angeboten wird. Kif wird in speziellen Tonpfeifen, *chquofa*, geraucht. Ein arabisches Sprichwort besagt, daß »eine Pfeife voll Kif vor dem Frühstück einem Mann die Kraft von einhundert Kamelen im

Hof verleiht«. Ein marokkanisches Sprichwort warnt: »Kif ist wie das Feuer – ein bißchen wärmt, viel verbrennt«.[17]

Die frühesten archäologischen Beweise für das Rauchen von Hanf in Afrika außerhalb Ägyptens stammen von einem äthiopischen Fundort in der Nähe des Tana-Sees und gehen auf das Jahr 1320 zurück: zwei dort gefundene Keramikpfeifenköpfe enthielten Cannabisspuren. Die Kultivierung von Hanf (das heute *dagga* heißt), breitete sich nach Süden aus, doch die Praxis des Rauchens bekam erst Auftrieb, als die Holländer im 17. Jahrhundert mit ihren Pfeifen eintrafen. Vorher hatten die Hottentotten und andere Stämme meist nur die Blätter gegessen. Der Gebrauch von Pfeifen nahm viele Formen an.[18] Der Forscher A. T. Bryant schrieb über die Zulus:

In jedem Zulu-Kral wuchsen innerhalb der Umzäunung ein paar Hanfpflanzen als Rauchmaterial. Es wurde als iNtsangu bezeichnet ... Oft konnte man am Nachmittag das weiche, dunkle Tuten des Signalhorns hören, das über das Grasland herangetragen wurde. Dies war die Einladung eines Mannes an alle anderen, zu ihm zu kommen und ihm beim Rauchen Gesellschaft zu leisten ... Die Pfeife (Gudu) war ... ein ausgehöhltes Rinder- oder Kuduhorn, das, geschält und poliert, für das Hanfrauchen eingesetzt wurde. Es war mit einem Schilfrohr (isiTukulu) ausgestattet, das im spitzen Winkel etwa in halber Höhe eingesetzt und an seiner Spitze mit einer kleinen Schale (iMbiza) in der Größe eines Eies versehen war ...[19]

■ Europa

Die Skythen führten den Hanf aus Asien über Griechenland und Rußland nach Europa ein, später brachten die Araber ihn aus Afrika nach Spanien und in andere Häfen im Mittelmeerraum.

Hesychios berichtete, daß thrakische Frauen Laken aus Hanf herstellten. Moschion (um 200 v.Chr.) schrieb, daß der Tyrann Hieron II. das Flaggschiff *Syracusia* und andere Schiffe seiner Flotte mit Seilen aus dem besseren Cannabis aus Rhodanis (das Rhône-Tal) ausstattete. Andere griechische Stadtstaaten erhielten einen großen Teil ihres Hanfes aus Kolchis am Schwarzen Meer. Der griechische Arzt Pedacius Dioscorides beschrieb im 1. Jh. n.Chr. *kannabis emeros* (weiblich) und *agria* (männlich) in *De Materia Medica* (3.165, 166):

Kannabis emeros ... ist eine Pflanze, die häufig zur Herstellung sehr starker Seile verwendet wird. Sie trägt Blätter, die denen der Esche ähneln, riecht schlecht, hat lange, leere Stengel und einen runden Samen, der Saft aus dem noch grünen Samen ist gut gegen Ohrenschmerzen.

Kannabis agria ... Legt man die durchgeweichte Wurzel auf die Haut auf, so hat sie die Kraft, Entzündungen zu heilen, Ödeme aufzulösen sowie bei Gelenkentzündungen zu helfen. Auch die Rinde der männlichen Pflanze ist zur Herstellung von Seilen geeignet.[20]

Im römischen Reich wurden große Mengen an Hanffaser verarbeitet, die überwiegend aus der babylonischen Stadt Sura importiert wurden. Cannabis war im frühen Italien keine wichtige Anbaupflanze, doch sein Samen gehörte zur allgemeinen

Nahrung. Verkohlte Hanfsamen wurden in den Ruinen von Pompeji gefunden, das 79 n.Chr. von der Eruption des Vesuvs unter Lava und Asche begraben wurde.[21]

Pausanius erwähnte im 2. Jh. v.Chr. als wohl erster römischer Autor den Hanf. Unter der Herrschaft des Augustus gab Lucius Columella in *Res Rustica* (II vii.1 und II xii.21) Anweisungen für das Aussäen von Hanf. Plinius der Ältere (23–79 n.Chr.) schrieb in seiner *Naturkunde* umfassend über die Pflanze. Er zitierte dabei auch aus den Schriften des Demokrit, in denen einige Mittel und Wirkungen von Cannabis aufgeführt werden.

Die Italiener nannten Hanf (oder *canappa*) *quelleo delle cento operazioni*, »Substanz der einhundert Arbeitsprozesse«, weil so viele Verfahren notwendig waren, um die Fasern für den weiteren Gebrauch vorzubereiten. Die Venezianer beherrschten die italienische Hanfindustrie, indem sie eine Handwerkergilde und die Tana, eine vom Staat betriebene Spinnerei mit hohen Produktionsstandards, einrichteten. Der venezianische Senat erklärte, daß »die Sicherheit unserer Galeeren und Schiffe und ebenso unserer Seeleute und unseres Kapitals auf der Herstellung von Tauwerk in der heimischen Tana« beruht. Gesetze forderten, daß venezianische Schiffe nur mit Hanfseilen bester Qualität ausgestattet wurden. Die überlegene venezianische Flotte kontrollierte die Schiffahrt im Mittelmeerraum, bis die Stadt 1797 von Napoleon eingenommen wurde.[22]

Die Römer trugen dazu bei, Hanf in ganz Europa zu verbreiten, obwohl die Pflanze dort bereits wohlbekannt war. Ein 1896 von dem deutschen Archäologen Hermann Busse in Wilmersdorf (Brandenburg) entdecktes Grab aus dem 5. Jh. v.Chr. enthielt eine Urne mit Sand und einer Sammlung von Pflanzenresten, zu der auch Hanfsamen gehörte.[23] Die Wikinger nutzten für ihre Reisen Hanf für Seile, Segeltuch, zum Kalfatern sowie für Leinen und Netze. Man fand Hanfsamen in den Überresten von Wikingerschiffen, die etwa um 850 gebaut wurden. 1753 klassifizierte der schwedische Botaniker Carl von Linné (1707–1778) Hanf als *Cannabis sativa* in seinem *Species Plantarum* und schrieb dem Harz narkotische Wirkung zu.

Weiter im Süden hatte der Hanf die Franken auf ihrem Weg begleitet, die ab dem 3. Jahrhundert langsam in die römischen Provinzen vorrückten und schließlich einen großen Teil Galliens besetzten. Als in Saint Denis die Krypta der Frankenkönigin Arnegunde (die um 565 starb) geöffnet wurde, trug sie ein Seidenkleid und war auf einem Hanflaken gebettet.[24]

Hanf spielte in den Feuerfeiern mehrerer europäischer Länder eine Rolle. In den französischen Ardennen glaubte man, es sei wichtig, daß die Frauen in der Nacht des ersten Sonntags in der Fastenzeit berauscht seien, wenn der Hanf in dem Jahr hoch wachsen sollte. Im mittelalterlichen Schwaben sprangen die heiratsfähigen Männer und Frauen Hand in Hand über ein Freudenfeuer und riefen dabei: »Wachse, damit der Hanf drei Ellen hoch werde!« Wenn ein Bauer nichts zu dem Freudenfeuer beitrug, galten seine Erträge im allgemeinen als verflucht, und besonders der Hanf würde schlecht reifen.[25] Auch die französischen Bauern tanzten während des Karnevals in der Fastenzeit, damit ihr *chanvre* hoch wachsen würde. In den Vogesen tanzten die Menschen aus demselben Grund am Dreikönigstag auf den Dächern ihrer Häuser. Beim Bohnenfest in der Lorraine-Region trafen die Bauern Vorhersagen zur Hanfernte, indem sie die Körpergröße von König und Königin verglichen. War der König größer, würde der männliche Hanf höher sprießen und umgekehrt.[26]

Der herausragende französische Priester, Gelehrte, Rechtsanwalt und Arzt Francois Rabelais (1483–1553) widmet drei Kapitel seiner berühmten Satire *Gargantua und Pantagruel* einer botanischen Beschreibung von »Pantagruelion« (seiner Wortprägung für Hanf):

Weiter wird es Pantagruelion genannt wegen seiner Wunderkräfte und besonderen Eigenschaften ... Ohne dies Kraut wären die Küchen schmutzig, die Tafeln abscheuerregend, auch wenn sie mit den erlesensten Speisen besetzt wären, die Betten lüden nicht mehr zu wohliger Ruhe ein ... die Müller trügen kein Korn zur Mühle und brächten kein Mehl heim ... Wie trüge man den Gips zur Werkstatt? ... wie holte man das Wasser aus dem Sodbrunnen? ... Verschwände nicht die edle Buchdrukkerkunst? Woraus sollte man Rahmen fertigen? Wie die Glocken läuten? Mit ihm sind die Isispriester geschmückt, die Träger der Heiligenbilder sind damit bekleidet, es bedeckt mit Vorrang die gesamte Menschennatur ... Es schützt die Heere vor Kälte und Regen, ... taucht zum Nutzen der Fischer in süßes wie auch Meerwasser hinab. Aus ihm werden Stiefel, Stiefelchen, Schaftstiefel, Gamaschen, Schnürstiefel, Schuhe, Tanzschühchen, Pantoffeln, Schlappen geformt ... Und als wäre dies Kraut

geheiligt, besäße Zauberkraft und würde von den Manen und Lemuren verehrt, fehlt es nie, wenn ein Toter bestattet wird. Mehr noch: vermittels dieses Krautes werden sogar unsichtbare Substanzen aufgehalten, eingefangen, festgenommen und gleichsam eingekerkert ...

Mit ihrer Hilfe aber, indem sie die Luftströme aufhalten, werden die großen Lastschiffe, die mächtigen Wohnbarken, Galeeren und Frachtschiffe ... nach dem Belieben der Steuerleute vorwärts bewegt.[27]

Obwohl Rabelais den Ruhm des Hanfs für Frankreich beanspruchte, waren es die Mauren, die 1150 die erste Papierfabrik Europas gründeten. Sie nutzten den Hanf nahe der Stadt Xativa (wie *sativa*) in der Provinz Alicante. Weitere maurische Hanfmühlen entstanden in Toledo und Valencia. Die anderen Länder Europas folgten diesem Beispiel bald und produzierten Hanflumpenpapier, wie es die Chinesen bereits 1000 Jahre zuvor getan hatten. Nachdem Gutenberg im 15. Jahrhundert den Buchdruck erfand, begannen Druckereien, die Bibel auf Hanfpapier zu drucken.[28]

Als Napoleon Bonaparte 1798 in Ägypten einmarschierte, griffen Tausende von Soldaten, die in der islamischen Welt auf Alkohol verzichten mußten, zum Haschisch. Um die Militärdisziplin wieder herzustellen, verkündete Napoleon im Oktober 1800: »Es ist in ganz Ägypten verboten, moslemische Getränke zu sich zu nehmen, die mit Haschisch hergestellt wurden, weiterhin darf der Rauch aus Haschischsamen nicht inhaliert werden.«[29]

Zu Napoleons Leidwesen wurde die französische Expedition von 175 Gelehrten begleitet, einer Gruppe, die nicht gerade für ihre Disziplin bekannt war. Sie genossen Haschisch so sehr, daß sie eine kleine Menge an ihre Kollegen nach Frankreich schickten, damit diese es untersuchen konnten. Als Folge erschien 1803 ein wissenschaftlicher Bericht über die löslichen Extrakte des Haschischs.

Wenn Hanf in Europa früher überall angepflanzt wurde, warum waren dann seine berauschenden Eigenschaften unbekannt? Baron Ernst von Bibra meint dazu:

Die indische Hanfpflanze ist größer als die in Europa gezogene und hat ganz andere Eigenschaften als diese, chemische nämlich. Es treten Stoffe in ihr auf, welche bei uns, in kälteren Klimaten, nicht zur Reife kommen, oder sich nur in höchst geringer Menge entwickeln konnten. Kurz es ist ein ähnliches Verhältnis wie mit dem Mohne, der bei uns nur geringes Opium liefert, und wie mit den Rosen, aus welchen man kaum Spuren des Rosenöles gewinnen kann, während im Oriente bedeutende Quantitäten aus denselben gezogen werden.[30]

Spätere Studien haben gezeigt, daß der vom Hanf produzierte psychoaktive Harz die oberen Blüten und Blätter in heißen Regionen oder Wüstenklimaten vor einem Feuchtigkeitsverlust schützt.

Der Hanf trug dann auch wesentlich zu Napoleons Niedergang bei: 1812 fiel Bonaparte mit der Absicht in Rußland ein, dort die Hanfernte zu vernichten.

Er wollte Zar Alexander I. bestrafen und Englands Marine ruinieren, die Hanf für Segel und Tauwerk benötigte. Der Zar hatte das Abkommen von Tilsit aus dem Jahr 1807 verletzt, indem er über amerikanische Händler weiterhin Hanf an England verkaufte. Der russische Winter dezimierte Napoleons Armee völlig, doch der Hanf blühte weiter in den Steppen.[31]

Stücke eines Hanfseils, die im Brunnen einer römischen Festung auf dem Antonius-Wall in Bar Hill in Dunbartonshire gefunden wurden, deuten darauf hin, daß die Römer um 180 n.Chr. Cannabis auf den britischen Inseln bereits eingeführt hatten. Die Pflanze wurde in Großbritannien jedoch erst um 400 n.Chr. angebaut, und zwar in Old Buckenham Mere.[32]

Die Sachsen, die Großbritannien um 600 n.Chr. besetzten, pflanzten ebenfalls Hanf an und erwähnten ihn auch in ihrer medizinischen Literatur. *The Commonplace Book* (LXIII c., Foliant 147a) enthält ein »Rezept für Salbe, teilweise irisch«, die Hanf enthält.

■ Die Eroberung der Meere

Im 15. Jahrhundert war der Kampf um die Macht in Westeuropa ein Kampf um die Beherrschung der Meere geworden. Spanien, Holland und England beneideten den Orient um seine Reichtümer, die Venedig über die Seidenstraße erreichten, waren sich jedoch bewußt, daß ihre Lage sie von den Handelsrouten über Land ausschloß. Die einzige Möglichkeit, ein Stück vom Kuchen abzubekommen, war der Seehandel, der direkt zu ihrer Tür führen würde. Das bedeutete, daß sie Hanf brauchten, und zwar jede Menge – denn nur aus den langen, kräftigen Hanffasern ließen sich Segeltuch und dickes Tauwerk herstellen, das widerstandsfähig genug war, um die Reise in den Orient zu überstehen.

Die Holländer übernahmen aufgrund ihrer besseren Technik und Ausrüstung früh die Führung in der Hanfproduktion. In Holland lieferten die Windmühlen (die selbst durch Hanfsegel angetrieben wurden) die zum Zerstoßen der Hanfstengel benötigte Kraft, so daß die Holländer große Mengen an *canefas* (»Segeltuch«, abgeleitet vom lateinischen *cannabis*) sowie Taue produzieren konnten, die ihnen bei ihrem Aufstieg zur mächtigen Seefahrernation halfen. Mitte des 18. Jahrhunderts gelang es ihnen, den normalerweise sechsmonatigen Prozeß von Rösten, Waschen, Erhitzen und Wässern durch verdünnte Schwefelsäure um die Hälfte zu verkürzen.[33] Dennoch stand Holland wie seine westlichen Rivalen weiterhin vor einem Problem: Die angebauten Hanfmengen reichten bei weitem nicht aus. Die Holländer betrieben also weiterhin Hanfhandel mit den skandinavischen und baltischen Ländern, und besonders mit Rußland und Italien.

Aufgrund ihrer Insellage befanden sich die Briten in einer noch schwierigeren Lage als Holland oder Spanien, da sie den Hanf darüber hinaus auch zur Aufrechterhaltung ihrer Militärmacht benötigten. Bereits 1533 forderte Heinrich VIII. alle Bauern auf, für jede 24 Hektar bebautes Land jeweils ein Zehntel Hektar mit Hanf oder Flachs zu bepflanzen. Königin Elisabeth I. wiederholte dieses Edikt im Jahr 1563, aber die Bauern folgten dem Befehl nur zögerlich, so daß er 1593 widerrufen wurde. Ackerland war teuer, und da die englischen Bauern nicht viel über die Bedürfnisse der Pflanze und die Feinheiten des Hanfanbaus wußten, wollten sie sich keine Experimente leisten.[34]

In dem Werk *How to Use All Land Profitably* (1607) bricht J. Norton eine Lanze für diese mißverstandene Pflanze, indem er rät: »Viele Landflecken und kleine Gehöfte in der Umgebung von Bauernhäusern und Pachtfarmen liegen brach, einige sind von ... unrentablem Unkraut überwachsen, das sich überall breitmacht, wo die Bauern doch hingehen und verschiedene Pflanzen wie beispielsweise Hanf anbauen könnten ... Der Hanf ist im Haus des Bauern von großem Nutzen ... nicht nur als Tauwerk für Schiffe, sondern auch für Linnen und andere Notwendigkeiten eines Hauses.«[35]

Trotz seiner Vielseitigkeit scheint Hanf sein wirtschaftliches Potential nie erreicht zu haben. Als das Eastland-Handelsunternehmen zu Beginn des 17. Jahrhunderts ins Schwimmen kam, fragte König Jakob I. die Handelskommission, warum die Bearbeitung von Hanf nicht von englischen Arbeitern, die Arbeit brauchten, durchgeführt würde, und erhielt folgende Antwort:

In früherer Zeit statteten unsere Eastland-Händler ihre Schiffe in großen Mengen mit grobem Hanf und Flachs aus, was ihnen nicht nur Gewinne einbrachte, sondern auch vielen Menschen zu Arbeit verhalf ... doch dieser Handel ist heute fast eingestellt, da Hanf und Flachs bereits zugerichtet eingeführt werden, und zwar meistens von Fremden.[36]

Im Jahr 1651 baten Londoner Hanfzurichter Charles I., daß die Einfuhr bereits zugerichteten

Hanfes aus den Niederlanden verboten werden möge. Sie wußten, daß ihnen dasselbe Schicksal wie den Zurichtern von Flachs drohte: die Konkurrenz durch die Holländer würde »sie völlig ruinieren und zu Bettlern werden lassen«.[37]

Trotz all seiner Bemühungen blieb England beim Hanfbedarf fast völlig von Rußland abhängig. Zum Schutz seiner Unabhängigkeit und ohne ausreichenden Nachschub aus dem Inland oder anderen Ländern Europas schaute England nach Westen.

Der Atlantik war nicht mehr das Ungeheuer, das er einst gewesen zu sein schien, dafür hatten Hanf und ein paar unerschrockene Navigatoren gesorgt. Christoph Columbus war 1492 mit 80 Tonnen Takelage und riesigen Mengen Segeltuch aus Hanf über den Atlantik gesegelt. Die Spanier hatten schlecht verteidigte Königreiche mit unermeßlichem Reichtum in der Neuen Welt vorgefunden, und der Gedanke, ein paar nördliche Königreiche zu plündern, gefiel auch England. Die *Mayflower* hatte die Überfahrt gewagt, und Berichten zufolge wuchs Hanf in der Neuen Welt viel besser, als dies in Europa je der Fall gewesen war.[38] Also machten sie sich auf den Weg.

Die Geschichte des Hanfs und die der Menschheit waren seit Jahrtausenden miteinander verwoben, aber nichts in der gemeinsamen Vergangenheit war so bizarr wie die Verwicklungen, die die Zukunft bringen sollte. Denn durch ihre natürliche Verbundenheit zu den Böden und Klimaten der Neuen Welt schien die Hanfpflanze die Zivilisation geradezu zur nächsten großen Entwicklung auf der Weltbühne zu drängen – dem noblen, tragischen und widersprüchlichen Experiment, das wir als Amerika kennen.

Hanf zum Wohle der Neuen Welt

■ *Ureinwohner, Entdecker und Einwanderer*

Die Wikinger brauchten Hanf für ihre Segel und Taue, vermutlich brachten sie Hanfsamen vor etwa eintausend Jahren nach Nordamerika und pflanzten ihn dort an. In Nordamerika gab es *Cannabis* jedoch bereits in vorgeschichtlicher Zeit. Wahrscheinlich wurde es aus China von Entdeckern, Schiffbrüchigen und Zugvögeln über die Beringstraße an die Westküste des Kontinents gebracht.[1]

Die frühesten Nachweise für Hanf in Nordamerika stammen aus der alten Hopewellkultur der großen Seen und aus dem Mississippital. Hunderte von Tonpfeifen, von denen einige Cannabisreste enthielten und die in Hanftuch gewickelt waren, wurden in dem sogenannten Totenmaskenberg der Träger der Hopewellkultur gefunden, die um 400 v.Chr. im heutigen Ohio lebten. In seiner Studie über »Prähistorische Textilkunst im Osten der Vereinigten Staaten« beschreibt der Ethnologe W. H. Holmes den Fund großer Stücke Hanfstoff im Morgan County, Tennessee: die »Freunde der Toten begruben zusammen mit dem Leichnam nicht nur die Kleidung, die er in seinem Leben getragen hatte, sondern auch Bündel der Faser, aus denen die Stoffe wahrscheinlich hergestellt wurden. Diese Faser wurde als *Cannabis sativa* identifiziert.«[2]

Fast 2000 Jahre nach der Hopewellkultur schienen europäische Entdecker beruhigt, als sie bei ihrer Ankunft in der »Neuen Welt« auf eine ihnen bekannte Pflanze stießen. Der Florentiner Giovanni da Verrazano schrieb über die Eingeborenen, denen er 1524 während einer französischen Expedition nach Virginia begegnete: »Diese Menschen waren weißer als die, die wir zuvor gefunden hatten. Sie waren mit bestimmten Blättern bekleidet, die an Zweigen hängen und die sie mit Garn aus wildem Hanf zusammennähen.«[3]

Zwar verwendeten die ersten europäischen Kolonisten bei ihrer Ankunft in Amerika Hanf, aber zur Ernährung standen Feldfrüchte an erster Stelle. Andererseits wollte das europäische Mutterland Hanf, und so konfiszierte der Kolonieminister Jean Talon in Quebec einfach alles Garn der Einwanderer für Frankreich und zwang sie, es mit Hanf von ihm zurückzukaufen. Den Bauern lieh er die nötigen Samen, dafür mußten sie Talon mit frischem Hanfsamen nach der Ernte entschädigen.[4]

Auch für die englischen Kolonisten war der Hanfanbau obligatorisch. Die Puritaner pflanzten entsprechend einem Vertrag mit der Victoria Company aus dem Jahr 1607 Hanf in Jamestown an. Bereits 1616 konnten sie behaupten, daß es »keinen besseren Hanf oder Flachs in England oder Holland gab«.[5] Doch obwohl der Hanf- und Flachsanbau wichtig für die Wirtschaft waren, bevorzugten die Einwanderer den Tabakanbau. Die Tabakpreise lagen immer höher, und der Anbau war weniger arbeitsintensiv. Als Reaktion darauf gab die Virgina

Company 1619 eine Vorschrift heraus, daß jeder Kolonist in Jamestown »100 Pflanzen und der Gouverneur 5000« Hanfpflanzen setzen sollte, und man versuchte, gelernte Hanfzurichter aus Schweden und Polen zur Emigration nach Amerika zu bewegen.

In mehreren Kolonien wurden Gesetze verabschiedet, damit bestimmte Erzeugnisse wie Hanf, Flachs und Teer zur Begleichung von Schulden und Steuern eingesetzt werden konnten.

Die Kolonialregierungen ermutigten mit wechselnder Strenge und Erfolg zum Hanfanbau. In Virginia wurden die Landbesitzer weiter per Gesetz zum Anbau gezwungen, während man in South Carolina versuchte, die Hanfindustrie durch erzieherische Maßnahmen zu fördern. In seinen »Essays zur Landwirtschaft in Neuengland« aus dem Jahr 1739 betonte Jared Eliot das Potential von Hanf für Amerika: »England besitzt den Wollhandel und Irland den Linnenhandel; der Hanfhandel ist also offen für uns und könnte mit der Zeit unser Hauptartikel werden, so daß sich die Handelsbilanz, die bisher für uns immer negativ war, zu unseren Gunsten entwickelt.« Nur hatte die Krone kein Interesse daran, daß man in den Kolonien einen »Markenartikel« aufbaute.

Das Spinn- und Webverbot war ein Eckstein der Kolonialpolitik im 17. Jahrhundert, die die Abhängigkeit von England fördern sollte. Das Mutterland verlangte Rohmaterial für die eigene Wirtschaft und die einheimischen Arbeitskräfte. Von den Kolonisten erwartete man, daß sie Fasern exportierten und dann fertige Produkte zu höheren Preisen zurückkauften. Im 18. Jahrhundert waren die englischen

Die amerikanische Unabhängigkeitserklärung wurde auf Hanfpapier gedruckt. Es war der Sommer von 1776, und Hanf machte Geschichte.

Der erste und zweite Entwurf der Unabhängigkeitserklärung wurden im Sommer 1776 auf holländischem Hanfpapier geschrieben. Der zweite Entwurf wurde unterbreitet, angenommen, auf Pergament übertragen und am 2. August 1776 unterzeichnet.

Händler jedoch mit Textilien so überreichlich eingedeckt, daß sie Leinen zu Billigstpreisen auf den Markt warfen. Zum Glück für die Kolonien wanderten ab 1718 zahlreiche professionelle Spinner und Weber in Massachusetts ein. Die Immigranten brachten neue Techniken mit, mit denen sich aus Flachs und Hanf leichter Tuchwaren herstellen ließen. Die Frauen in Neuengland richteten »Spinnkränzchen« ein, und als der Unabhängigkeitskrieg mit der britischen Krone begann, konnte man sich selbst versorgen und englische Stoffprodukte boykottieren. Die frühe amerikanische Papierindustrie hing hauptsächlich von Hanf-, Leinen- und Baumwolllumpen als Rohmaterial ab, so daß die erhöhte einheimische Produktion für sie große Vorteile brachte.

Als Vorbereitung auf den Krieg wurden Gesetze erlassen, die den Hanfanbau vorschrieben. Eine Revolution wird nicht nur auf dem Schlachtfeld, sondern an mehreren Fronten entschieden, und Hanf war als Hauptquelle für Papier in den Kolonien für die Kommunikation unabdingbar. Pamphlete und Dokumente auf Hanfpapier verbreiteten die Revolutionsideen überall und halfen, den Wunsch nach Unabhängigkeit in den Köpfen der Kolonisten zu begründen. Als Thomas Paine mit seiner Schrift *Common Sense* 1776 seine Mitbürger zum Freiheitskampf ermahnte, konnte er darauf hinweisen, daß »fast jeder Verteidigungsartikel im Überfluß vorhanden ist. Der Hanf blüht üppig, so daß es uns an Tauwerk nicht mangeln wird«.[6]

Trotz der Zuversicht von Thomas Paine produzierten die Kolonien und die neuen Vereinigten Staaten nie genug Hanf, um die eigenen Bedürfnisse zu stillen.

■ *Die Gründerväter*

George Washington und Thomas Jefferson verfügten beide aus erster Hand über Erfahrungen mit dem Hanfanbau: als Farmer und Politiker arbeiteten sie eifrig daran, den Ruf der Pflanze zu verbessern und den Anbau zu fördern. Ihr Interesse mag nicht nur kommerzieller Art gewesen sein: George Washington pflanzte wohl Sorten zu medizinischen Zwecken und zum entspannenden Rauchen an. Über ihn und Thomas Jefferson, der Tabak nicht mochte, ist bekannt, daß sie Geschenke von Rauchmischungen miteinander austauschten.

Ende des 18. Jahrhunderts begann der erste Präsident der Vereinigten Staaten, den harzreichen »indischen Hanf« anzubauen. Als Farmer war er sich des Unterschiedes zwischen dem »gemeinen«, wegen seiner Faser und Samen angepflanzten (C. *sativa*) und dem indischen Hanf (C. *indica*), der vor allem wegen des Harzes angebaut wird, durchaus bewußt. Am 29. Mai 1796 schrieb er an William Pearce:

Was ist mit dem Saatgut des indischen Hanfes vom letzten Sommer geschehen? Alles hätte wieder ausgesät werden sollen, damit nicht nur ein Vorrat für meine eigenen Zwecke herangewachsen wäre, sondern auch, um die Samen an andere weiterzugeben, denn er ist wertvoller als der gemeine Hanf.

Im Jahr 1781 nutzte Thomas Jefferson, der neue Gouverneur von Virginia, »Hanf im Hinterland« als Reserve zur Bezahlung für Virginias Militärlieferungen. Wie in Washingtons Fall war Jefferson nicht nur als Währung am Hanf interessiert. Er war der Meinung, daß Hanf dem Tabak als Feldfrucht überlegen sei, wie er in seiner Farmzeitung am 16. März 1791 erklärte:

Der Tabakanbau ist schädlich, da die Pflanze den Boden zu stark auslaugt. Sie braucht viel Dünger, der dann für andere Feldfrüchte fehlt … Es ist eine bekannte Tatsache, daß der beste Hanf und der beste Tabak auf demselben Boden wachsen. Ersterer ist von höchster Notwendigkeit für Handel und Marine, in anderen Worten, für das Wohlergehen und den Schutz des Landes. Letzterer ist nie nützlich und bisweilen sogar schädlich … Auf dem Felde erfordert der Hanf zwar mehr Aufwand als der Tabakanbau, aber da sich aus ihm die verschiedensten Dinge herstellen lassen, verhilft er einer großen Zahl von Menschen zur Arbeit. In einem bevölkerungsreichen Land ist der Hanf also vorzuziehen.[7]

Seit Jeffersons Zeit hat sich bemerkenswert wenig verändert. Tabak, der immer noch genauso schädlich ist wie früher, fügt der Gesellschaft unvorstellbaren Schaden durch Tod und Krankheit zu. Sein einziger Vorteil aus der Sicht des Farmers ist die gleichbleibende Nachfrage durch süchtige Verbraucher.

Jefferson mochte auch den Flachs nicht besonders. In einem Brief aus dem Jahr 1815 argumentiert er, daß »Flachs dem Boden soviel Schaden zufügt und sowenig Ertrag abgibt, daß ich ihn nie angebaut habe. Hanf hingegen ist äußerst produktiv und wächst für immer auf demselben Land …« Dem Problem der mühsamen Aufbereitung des Hanfs begegnete er mit Phantasie. »Kürzlich«, fuhr er in demselben Brief fort, »fiel mir eine äußerst einfache und preiswerte Methode zur Verarbeitung des Hanfs ein. Ich änderte eine Dreschmaschine in einen viel stärkeren und schwereren Hanfbrecher als den von Hand betriebenen um … Ich denke, daß ein einzelnes Pferd beim Brechen und Schlagen die Arbeit von zehn Männern übernehmen kann.« Die von Jefferson erfundene Maschine erhielt das erste US-Patent.[8]

■ *Hanf im Amerika des 19. Jahrhunderts*

1810 war Rußland einer der wichtigsten Märkte für amerikanische Produkte. Die Vereinigten Staaten verfrachteten zehn Prozent ihrer Exporte, in erster Linie Tabak, Früchte von den westindischen Inseln und Pelze nach Rußland und tauschten sie gegen Eisen, Hanf und Flachs ein – Dinge, die Rußland zu damaliger Zeit in großer Menge und bester Qualität produzierte. In Rußland wurde Hanf mit soviel Sorgfalt und Geduld behandelt, daß John Quincy Adams, der sechste Präsident der Vereinigten Staaten (er hatte als junger Mann in Rußland gelebt), 1810 einen Bericht über »Anbau und Weiterverarbeitung von Hanf in Rußland« schrieb. Der gesamte Prozeß des Anbaus, Röstens, Brechens und Häckselns zur Vorbereitung der Faser für die Tuchproduktion und der Transport zum Hafen nahmen bis zu zwei Jahre in Anspruch. Diese mühsame Arbeit war nur möglich, weil *muzhik* (Sklavenarbeit) in Rußland so billig war.[9]

Das ungepflügte Land im Bluegrass Country war zum Getreideanbau ungeeignet gewesen, bis 1775 in Kentucky zum erstenmal Hanf kultiviert wurde, um das Land für Getreide vorzubereiten. Doch als man feststellte, wie gut der Hanf dort wuchs, interessierte sich die Regierung von Kentucky für den Hanfanbau an sich. Im Jahr 1810 produzierten die Farmer von Kentucky etwa 6 000 Tonnen Faser (als in dem Staat 38 Seilereien in Betrieb waren), dennoch stiegen die Hanfimporte bis 1840 auf etwa 5 000 Tonnen an. Das »Arbeitssystem« forderte von einem Sklaven die Produktion einer täglichen Quote von etwa 100 Pfund (ca. 45 kg) Fasern. Die

Sklaven erhielten einen Cent pro Pfund für jedes Pfund, das diese Quote überstieg, so daß einige von ihnen bis zu zwei Dollar pro Tag verdienen konnten; ein paar Sklaven erkauften sich auf diese Weise ihre Freiheit.

Im Zuge der industriellen Revolution und der damit einhergehenden Mechanisierung fand die Hanfindustrie neue Absatzmärkte. Es wurden unzählige Patente vergeben, die Verbesserungen der Geräte für die Ernte und die Weiterverarbeitung der Hanf- und Flachsfasern versprachen. Durch neue Maschinen zum Brechen und Zurichten des Hanfs sollte die mühselige Arbeit der Faservorbereitung reduziert werden. G. F. Schaffer aus New York meldete 1861 den zylindrischen Hanf- und Flachszurichter zum Patent, und im folgenden Jahr ließen sich G. Sanford und J. E. Mallory zehn Verbesserungen zum Brechen, Schwingen, Reinigen und Zurichten von Hanf patentieren.

Während des amerikanischen Bürgerkriegs befahl der amerikanische Kongreß dem Landwirtschaftsbeauftragten aus dem Norden »zu untersuchen, ob der Anbau und die Weiterverarbeitung von Flachs oder Hanf als Ersatz für Baumwolle möglich sei«. Der Krieg führte anfangs zu einer Zunahme der Hanfnachfrage, doch war der Boom nur vorübergehend.[10] Nach dem Krieg beherrschte die Baumwolle die Landwirtschaft im Süden, und billige importierte Jute ersetzte den Hanf als Material zur Verpackung von Baumwolle. Etwa zur selben Zeit war Papier aus Holzzellstoff überall erhältlich und verringerte die Nachfrage nach Hanf. In den Nachwirkungen des Bürgerkriegs bedeutete der Ausfall der Sklaven und der Verlust mechanischer

■

*Die ersten
amerikanischen Staatsoberhäupter*
*Überlieferte Briefe der ersten Präsidenten
der Vereinigten Staaten deuten darauf hin,
daß mehrere von ihnen Cannabis rauchten.
George Washington rauchte angeblich lieber
»die Blätter des Hanfs«, statt Alkohol zu trinken. Als General Washington mit der Bürger-
kriegsarmee zu Felde zog, klagte er darüber,
daß er nicht zu Hause bei der Hanfernte sein
konnte. James Madison soll einmal gesagt
haben, daß das Rauchen von Hanf ihn dazu
inspirierte, eine neue Nation auf der Grundlage demokratischer Grundsätze zu gründen.
James Monroe, der fünfte US-Präsident,
lernte Haschisch kennen, als er als Botschafter
in Frankreich diente, und er rauchte Haschisch, bis er 73 Jahre alt war. Als Andrew
Jackson, Zachary Taylor und Franklin Pierce
als Militärbefehlshaber dienten, rauchten sie
Hanf mit ihren Soldaten. In einem Brief an
seine Familie beklagte sich Pierce, daß Hanf
»das einzig Gute« am Mexikanischen Krieg
sei.[11]*

■

Erntemaschinen den Niedergang der Hanfindustrie, die sich trotz eines kurzen Wiederauflebens in
den siebziger und achtziger Jahren des 19. Jahrhunderts nie davon erholte.

Für eine gewisse Zeit wurde Hanf in großem
Umfang in Illinois, Nebraska und Kalifornien
angebaut, und 1882 gründeten in New York ein
Dutzend Hersteller und Händler die Vereinigung
amerikanischer Flachs- und Hanfspinner sowie
-erzeuger. Doch auch sie konnte nicht verhindern,
daß der zunehmende Einsatz von Drahtseilen auf
Schiffen und die Einführung von Dampfschiffen
die Nachfrage nach Hanfseilen und -segeln stark
verringerte.

Um die Jahrhundertwende beschränkte sich der
Hanfmarkt auf Tauwerk, Schnur und Garn, erst die
Erfindung der mechanischen Schälmaschine versprach eine Änderung. Da Hanffaser und -zellulose
plötzlich leicht zugänglich waren, wetteiferten die
Erfinder darum, neue Einsatzmöglichkeiten für die
vielseitige Pflanze zu finden. Henry Ford, ein
berühmter Visionär, sah die vollständige Umgestal-
tung der amerikanischen Industrie voraus. In den
dreißiger Jahren stellte die Ford Motor Company
in ihrem geheimen Biomasse-Umwandlungswerk
in Iron Mountain, Michigan, Holzkohlebrenn-
stoff, Teeröl, Ethylacetat, Methanol und andere
Verbindungen aus Hanf her.[12]

Das Fachblatt *Mechanical Engineering* bezeichnete Hanf in seiner Februarausgabe des Jahres
1937 als »einträglichste und reizvollste Feldfrucht,
die angepflanzt werden kann«, und die Zeitschrift
Popular Mechanics taufte Hanf »Die neue Milliar-
den-Dollar-Pflanze«. Paradoxerweise erschien der
Artikel, der bereits 1937 verfaßt wurde, aufgrund
des Druckzeitplans erst 1938. Zu diesem Zeit-
punkt war die Verabschiedung des Gesetzes zur
Marihuanabesteuerung einer weiteren Nutzung
der Pflanze zuvorgekommen – die Hanfindustrie
war erledigt.

Henry Ford demonstrierte die Festigkeit seines Autos, das überwiegend aus einer Kombination aus Hanf und anderen jährlich nachwachsenden Feldfrüchten bestand und das mit einem Hanfbrennstoff fahren konnte.

■ Das Marihuana-Komplott

Bereits 1915 wurde die öffentliche Meinung über Hanf von Zeitungen und Magazinen intensiv manipuliert. In langen Artikeln schrieben sie alles Übel im Lande dem »schändlichen Einfluß« von Marihuana zu, so wie sie die Jahre zuvor die Hetze gegen Opium und Kokain betrieben hatten.

Schlimmer noch, *Cannabis sativa* wurde in den Vereinigten Staaten aus Motiven angeprangert, in denen Rassismus, Wirtschaft und Moral eine unheilvolle Union eingingen. Die konservativen Moralapostel verknüpften den sogenannten »Marihuana-Wahnsinn« kurzerhand mit Mexikanern, Afroamerikanern, Jazz-Musik, Sex und Gewalt und erhielten von den Massenblättern rege Unterstützung. Die Parole »Amerika den Amerikanern« schuf den Rahmen für die großangelegte Hetze gegen nationale Minderheiten und Immigranten. An der Spitze dieser Medienkampagne stand der Großverleger William R. Hearst, der jede Gelegen-

heit nutzte, rassistische Spannungen zu schüren. Seine Titelblätter nahmen sich vorzugsweise dem Thema »Neger vergewaltigt weiße Frau im Drogenrausch« an, wobei erst Kokain im Mittelpunkt stand, später dann Marihuana als Teufelszeug verdammt wurde.[13]

Den Hintergrund dieses »Moralfeldzuges« bildeten jedoch die handfesten Interessen einiger Großunternehmen, vor allem der Ölchemie und der Papierindustrie, die Milliarden-Dollar-Verluste befürchteten, wenn das wirtschaftliche Potential der Hanfpflanze tatsächlich ausgeschöpft würde. Hearst sah sich persönlich von der Hanf-Schälmaschine bedroht, die bei erfolgreicher Einführung den Wert seines ausgedehnten Waldbesitzes, der das Papier für seine Zeitungen lieferte, beträchtlich schmälern würde.

Auch die großen Pharmaunternehmen konnten durch das Verbot der Hanfpflanze nur gewinnen, denn dann würden einige ihrer synthetisch hergestellten Medikamente, allen voran die Barbiturate (Beruhigungsmittel), die Lücke des vom Markt gezogenen Cannabis schließen.

Dagegen kündigte der Autohersteller Henry Ford an, daß er seine gesamte Produktion, so weit es möglich sei, auf Hanf-Kohlenhydrate anstelle von Erdöl-Kohlenwasserstoffe umstellen wolle.

Die Magnaten Du Pont und Hearst sowie ihre Verbündeten verschärften daraufhin ihre Propaganda und politische Einflußnahme – und siegten.

Das Marihuana-Besteuerungsgesetz
Mit der Eröffnung der staatlichen Drogenbehörde (Federal Bureau of Narcotics, FBN) am 12. August

1930 unter Leitung von Harry J. Anslinger erhielt der Widerstand gegen Hanf einen neuen Verbündeten. Nachdem Anslinger zuerst sein Augenmerk auf die harten Drogen richtete, wendete er sein Interesse schon bald dem Marihuana zu. Als seine Bemühungen scheiterten, die Droge auf rechtlichem Weg aus dem Verkehr zu ziehen, verbündete er sich mit Hearst. In seinen Blättern durfte dieser die unglaublichsten Geschichten erzählen und als »Wahrheit« verbreiten. Im *Washington Herald* vom 12. April 1937 verstieg er sich gar zu folgendem Vergleich: »Wenn das verschwundene Monster Frankenstein dem Monster Marihuana Aug in Aug gegenüberstünde, würde es vor Furcht auf der Stelle tot umfallen.«

In der Zwischenzeit wurde Hermann Oliphant vom Finanzministerium auf öffentlichen Druck hin beauftragt, eine Gesetzesvorlage für das Verbot von Cannabis zu entwerfen.

Nach langen Recherchen entdeckte er, daß nur ein Besteuerungsgesetz für Marihuana durchzusetzen wäre. In geheimen Sitzungen arbeitete er zusammen mit Anslinger das Marihuana-Besteuerungsgesetz bis zur Kongreßvorlage aus. Zwei Tage nach dem Artikel Anslingers im *Washington Herald* brachte Oliphant den Gesetzentwurf direkt beim Ways and Means Committee, dem Haushaltsausschuß, ein. Damit umging er nicht nur die kritische Debatte eines Fachkomitees, wie dem für Landwirtschaft, sondern er konnte sich auch der Unterstützung des Ausschußvorsitzenden Robert L. Doughton, einem Verbündeten von Du Pont, sicher sein. Dieser boxte die Gesetzesvorlage ungeachtet der Widerstände seitens des Amerikanischen Ärzteverbandes, vertre-

ten durch Dr. William C. Woodward, wie geplant durch.[14]

Der Gesetzentwurf zur Besteuerung von Marihuana wurde dem vollständig versammelten Kongreß am 14. Juni 1937 vorgelegt. Nur vier Repräsentanten baten um nähere Erklärungen, ein Mitglied des Ways and Means Committee bot daraufhin einen Bericht über kriminelle Handlungen an, die angeblich mit dem Gebrauch von Marihuana in Verbindung standen. Die Gesetzesvorlage passierte den Kongreß ohne weitere Kontroversen und wurde an den Senatsausschuß für Finanzen weitergeleitet. Die Anhörung vor dem Unterausschuß fand am 12. Juli desselben Jahres statt, Einwände betroffener Hanfanbauer wurden weitgehend ignoriert.

Der Senat verabschiedete das Gesetz, ohne ernsthaft darüber zu beraten. Präsident Franklin Roosevelt führte den letzten Schlag mit einem Federstrich aus, als er das Gesetz zur Marihuanabesteuerung am 2. August 1937 unterzeichnete. Hanf, die Umwelt und die amerikanischen Farmer hatten verloren, die Unternehmensgiganten gewonnen. Doch damit hatte der Kreuzzug gegen den Hanf erst begonnen.

Hanf für den Sieg

Ein Bild aus dem Film
Hemp for Victory
aus dem Jahr 1942.

In den achtziger Jahren machte ein 14minütiger Film in der Hanfgemeinde die Runde. Der Film mit dem Titel *Hemp for Victory* (*Hanf für den Sieg*) war offensichtlich 1942 vom amerikanischen Landwirtschaftsministerium (USDA) gedreht worden. Er drängte die amerikanischen Farmer mit Sprüchen wie »Amerikanischer Hanf wird wieder seine Pflicht tun – Hanf für alle Zwecke der Marine, an Bord und an Land!« dazu, Hanf anzupflanzen, um das Land im Krieg zu unterstützen. Die Japaner hatten Amerika von der Hanfeinfuhr abgeschnitten, doch für jedes Kriegsschiff waren über 10 000 Meter Hanf notwendig, und nichts wäre patriotischer, als die Pflanze für das Vaterland anzubauen.

Doch hatte das Landwirtschaftsministerium wirklich einen Film über die Vorteile von *Cannabis sativa* produziert, nachdem die Regierung jahrelang einen Krieg zur Zerstörung der Pflanze geführt hatte?

Die allgemeine Öffentlichkeit wurde durch einen Artikel in der Zeitschrift **Newsweek** *vom 16. Oktober 1942 über die Situation informiert. Er trug die nüchterne Überschrift »Hanf«:*

Ein Teil der Fracht an Bord der **Mayflower** *waren Hanfsamen. Und da Hanf das Rohmaterial zur Herstellung von Seilen und Segeln war, spielte es in diesem Land während der Zeit der Segelschiffahrt eine wichtige Rolle als Feldfrucht. Doch um die Jahrhundertwende wurde es durch die Einfuhr von Manilahanf, Sisal und Jute aus Afrika und dem Orient ersetzt.*

Langfristige Planer schauen jetzt in die Zukunft, obwohl die vorhandenen Vorräte etwa bis 1944 reichen werden... In der letzten Woche stimmte der Ausschuß für die Kriegsproduktion Plänen zu, in den Vereinigten Staaten 120 000 Hektar Hanf anzupflanzen (die einzige dieser Fasern, die in diesem Klima wächst) und 71 Anlagen zur Weiterverarbeitung zu bauen. Der Anbau wird sich auf Kentucky, Indiana, Illinois, Wisconsin, Minnesota und Iowa konzentrieren...

Dieses Programm sollte ausreichende Reserven sicherstellen, wenn die übrigen Vorräte aufgebraucht sind, denn Hanf wächst normalerweise in nur vier Monaten heran. Auch die Farmer sind mit der Pflanze zufrieden, weil sie hilft, Unkraut unter Kontrolle zu halten, bis zur Ernte nicht weiter gepflegt werden muß und den Boden in gutem Zustand zurückläßt.

Die Vereinigten Staaten verneinten, einen solchen Film jemals produziert zu haben. Es müsse sich um eine Fehlinformation handeln, hieß es übereinstimmend. Jack Herer und andere Aktivisten fragten wegen des Filmes in allen möglichen Behörden nach und erhielten immer dieselbe Antwort, die etwa so lautete:

Wir haben das Landwirtschaftsministerium in Washington, D.C., und das Audio-Zentrum des Bundes angesprochen und konnten keinen Film mit dem Titel »Hemp for Victory«, ausfindig machen, der von irgendeinem Ministerium der Bundesregierung produziert wurde.

Unbeeindruckt stellten Herer, Carl Packard und Maria Farrow ihre eigenen Nachforschungen in der USDA-Bibliothek in Beltsville, Maryland, an. Wenn jemals ein solcher Film gedreht worden wäre, würde er dort vorhanden sein. Sie fanden keine Aufzeichnungen über *Hemp for Victory.* Als sie gerade die Bibliothek verlassen wollten, hatte Herer noch eine Idee. »Wo hätte ich mich wohl umgeschaut, fragte er die Bibliothekarin, »wenn ich in den vierziger oder fünfziger Jahren hierher gekommen wäre? Doch wohl kaum bei den elektronischen Daten, oder?«

»Natürlich nicht«, antwortete die Bibliothekarin, »Sie hätten in den alten Karteikartenkatalogen nachgesehen.« – »Werden diese weggeworfen?«, fragte Herer. »Nein, die sind noch vorhanden«, antwortete die Bibliothekarin und führte Herer in den Raum, wo sie aufbewahrt wurden. Und dort, in den staubigen Akten, fand Herer folgenden Eintrag:

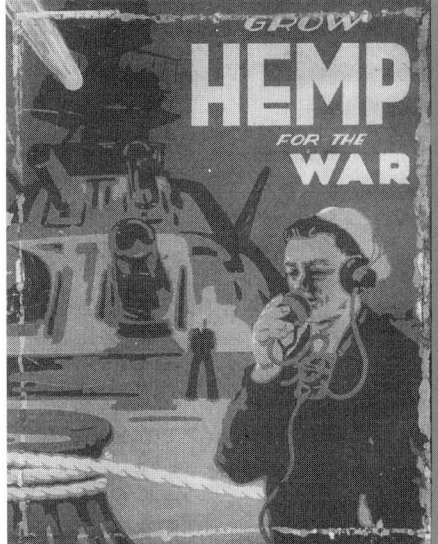

Ein Plakat der amerikanischen Regierung aus dem Zweiten Weltkrieg. (Mit freundlicher Genehmigung der Ohio Hempery.)

Hemp for Victory *(Film)*
US-Landwirtschaftsministerium, 1942
14 Min., schwarzweiß, 16 mm.
Zusammenfassung: Erklärt, daß die Lieferung von ostindischen Rohfasern durch den Krieg unterbrochen wurde und betont, daß Hanf in Amerika für militärische und zivile Zwecke angebaut werden muß. Porträtiert Anbauverfahren der Hanfpflanzer in Kentucky und Wisconsin.
– Anderes Format. 35 mm.
1. Hanf – U.S. 1. US-Landwirtschaftsministerium
633.53 Fi E 53–370
US-Erziehungsbehörde. Erziehung in Bildern

Bleibt die Frage, wer die Entscheidung traf, *Hemp for Victory* aus den unzähligen offiziellen Listen zu »löschen« und was womöglich sonst noch aus der Kongreßbibliothek verschwunden ist.

Mittlerweile hat das US-Landwirtschaftsministerium zugegeben, daß der Film produziert worden sei und daß zwei Kopien in der Kongreßbibliothek registriert seien.[1]

Der Tatsache, daß die Vereinigten Staaten aus Gründen der nationalen Sicherheit gezwungen waren, Hanf anzubauen, mußten sich alle, die vom Hanfverbot profitierten, fügen: Harry Anslinger ebenso wie die Rassisten, Industriegiganten und ihnen freundlich gesinnte Politiker. Als der junge George Bush, der später Präsident der Vereinigten Staaten und Oberbefehlshaber im Krieg gegen Drogen werden sollte, im Zweiten Weltkrieg mit dem Fallschirm aus seinem Flugzeug sprang, hing er an einer Rettungsleine aus Hanf.

Mit Nachdruck förderte die Regierung im Jahr 1942 also ein Sofortprogramm zur Hanfproduktion, um die Bedürfnisse Amerikas zu erfüllen. Eine Broschüre mit dem Titel *Hanf: Eine Feldfrucht für den Krieg* erklärte den Farmern die neuesten Methoden, mit denen Tausende Hektar Land im Mittleren Westen bepflanzt und neue Fabrikanlagen zur Weiterbehandlung der Ernte errichtet werden würden: »Der Hanfanbau in den USA, der in der Vergangenheit vom Bureau of Narcotics unterbunden worden war, um die Marihuanaabhängigkeit zu bekämpfen, wird jetzt offensichtlich zugelassen und als Resultat des Krieges sogar gefördert.«[2] Rund 20 000 Farmer wurden mit Hanfsamen beliefert und 42 weiterverarbeitende Fabriken gebaut, die alle von der *Defense Plant Corporation* Geräte im Wert von 360 000 Dollar erhielten.

Selbst Kinder wurden während dieser Zeit zur Steigerung der inländischen Hanfproduktion miteinbezogen. Die Landwirtschaftsfakultät der Universität von Kentucky veröffentlichte die Broschüre »Das Hanfsamenprojekt für 4-H-Clubs«, das junge Patrioten darüber aufklärte, daß »Onkel Sam Kentucky gebeten hat, … Hanfsamen für die Nation zu produzieren«. Doch leider endete das öffentliche Mandat zum Hanfanbau für diejenigen, die sich entschlossen, die neue Politik der Regierung zu befolgen, so plötzlich, wie es begonnen hatte. Im Jahr 1944 war die Armeeführung zuversichtlich, daß europäische Lieferanten den amerikanischen Bedarf würden befriedigen können, was die einheimische Nachfrage drastisch verringerte. Als sich der Sieg der Alliierten abzeichnete, vollzog die Regierung endgültig die Kehrtwende. Die patriotische Feldfrucht, diese Wunderpflanze der Kriegszeit, wurde erneut zum Teufelskraut, das die Republik der kommunistischen Bedrohung preisgeben würde.

■ *Trau keinem über Dreißig*

Zu Beginn der sechziger Jahre variierte die gesellschaftspolitische Stellung des Hanfs. Die bewußtseinsverändernde Droge wurde immer häufiger eingesetzt, und einige Politiker begannen, die drakonische Politik des vorhergehenden Jahrzehnts in Frage zu stellen. Dennoch wurde eine Legalisierung nicht ernsthaft in Erwägung gezogen.

1961 stimmten die Vereinten Nationen einer politischen Linie hinsichtlich Narkotika zu, wonach jeder Mitgliedsstaat »die notwendigen Maßnahmen ergreifen kann, um den Mißbrauch und illegalen Handel mit den Blättern der Cannabispflanze zu verhindern« und »daß der Gebrauch von Cannabis (Hanf) zu anderen als medizinischen und wissenschaftlichen Zwecken sobald wie möglich unterbunden werden muß, aber auf jeden Fall innerhalb von 25 Jahren«.[3] Der amerikanische Kongreß, der das Abkommen erst 1967 ratifizierte, schien sich unsicher, wie man verfahren sollte, denn 1962 hatte Präsident John F. Kennedy eine Gruppe zur Untersuchung von Narkotika- und Drogenmißbrauch eingerichtet, die zu folgendem Schluß kam:

Nach Meinung der Kommission wurden die Gefahren von Marihuana als solche übertrieben dargestellt, und lange Strafen für gelegentliche Benutzer oder Besitzer der Droge sind sozial nicht zu rechtfertigen. Obwohl Marihuana lange den Ruf besaß, Menschen zu sexuellen Straftaten und anderen gesellschaftsfeindlichen Handlungen zu verleiten, gibt es nicht genug Beweise, die dies belegen.[4]

Im darauffolgenden Jahr hob der Beratungsausschuß den klaren Unterschied zwischen Cannabis und Opiaten hervor und erklärte, daß der ungesetzliche Verkauf oder der Besitz von Marihuana eine weniger schwerwiegende Straftat sei als der Verkauf und Besitz von Opiaten. Auch unter Präsident Lyndon B. Johnsons wies ein Rechtsausschuß die Theorie zurück, daß Marihuana als »Einstiegsdroge« zur Heroinsucht führe, obwohl der Hanfgebrauch durchaus nicht harmlos sei.

Während die Marihuana-Heroin-Verbindung dennoch für viele Narkokraten und Politiker weiterhin als Evangelium galt, stellten die Hippies der sechziger Jahre fest, daß Cannabis nicht süchtig machte und nicht notwendigerweise zu einer Heroinsucht

führte. Junge Menschen entdeckten, daß sie Cannabis rauchen konnten, ohne daß mit ihrem Kopf oder Körper etwas Schreckliches geschah. Tatsächlich setzte das »High« sie nicht im entferntesten so außer Gefecht, wie es der Alkohol aus der Hausbar der Eltern tat. »Trau keinem über Dreißig« hieß ein populärer Slogan, doch gemeint war damit: »Trau keinem, der sich nicht antörnt.«

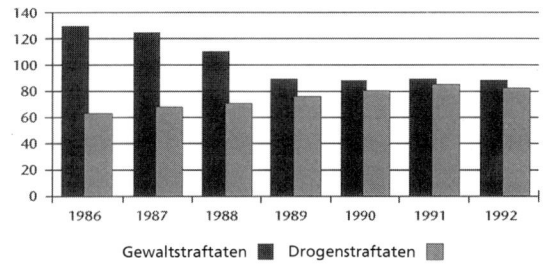

Durchschnittliche Strafen für Gewalt- und Drogenstraftaten in den USA (in Monaten).

Ende der sechziger Jahre hatte sich Marihuana zu einem starken politischen Symbol für Freiheit und zivilen Ungehorsam entwickelt. »Das Potrauchen macht dich zum Verbrecher und Revolutionär«, erklärte der Aktivist Jerry Rubin 1970 in einer Rede. »Schon mit dem ersten Zug bist du ein Feind der Gesellschaft.« Tatsächlich wurde das gesamte Spektrum der Drogengesetze als Waffe gegen politisch Abtrünnige eingesetzt. FBI-Direktor J. Edgar Hoover richtete 1968 ein Rundschreiben an alle Beamten: »Da der Gebrauch von Marihuana und anderen Narkotika unter den Mitgliedern der Neuen Linken weit verbreitet ist, sollten Sie sich der Möglichkeit bewußt sein, sie von den regionalen Behörden wegen Drogenbesitzes festnehmen zu lassen.«

Zwar herrschten in der Heimat harte Gesetze, aber in Vietnam rauchten die amerikanischen Truppen starkes Marihuana, um die trostlose Situation zu mildern. Ein bekannter Kriegsberichterstatter erklärte, daß 75 Prozent der in Vietnam stationierten Soldaten Cannabis konsumierten.[5] Einige Soldaten rauchten Cannabis gewohnheitsmäßig, weil es ihnen half, ihre Angst zu überwinden – das heißt, sie hatten das Gefühl, daß es sie zu besseren Soldaten machte. Doch andere rauchten es aus genau dem gegenteiligen Grund, wie William Novak herausfand, als er Veteranen für sein Buch *High Culture* befragte. »Wir wußten, daß Soldaten, die ›high‹ waren, keine aggressiven, wachsamen und effektiven Soldaten abgaben«, erklärte ihm ein Veteran, »und weil wir uns auf diese Weise gegen den Krieg aussprachen, sagten wir immer, daß das Doperauchen eine politische Aussage sei.... Uns gefiel die Vorstellung, daß wir den Präsidenten, Westmoreland und all diese Kriegstreiber im Hintergrund frustrierten, indem wir ›high‹ waren.«[6] Als man in Amerika beschloß, den Krieg zu beenden, spielte der wachsende Widerstand in den kämpfenden Truppen eine wichtige Rolle bei dieser Entscheidung. Die Soldaten desertierten, demonstrierten, versuchten den Kriegsdienst zu verweigern und meuterten sogar. Waren Marihuana und andere Drogen verantwortlich für eine derart festentschlossene Opposition? Wohl kaum – der Krieg selbst sensibilisierte das Bewußtsein viel stärker, als es irgendeine Pflanze vermocht hätte. Sicher jedoch schaffte der Hanf eine geistige Verbindung zu den Demonstranten zu Hause.

Obwohl der Cannabisgebrauch weit verbreitet war, hinkte die politische Akzeptanz der Droge weit hinter der Realität her. Die Nationale Kommission zur Marihuanafrage schätzte, daß 1972 bereits bis zu 25 Millionen Amerikaner Marihuana konsumiert hatten, doch der offizielle Status des Hanfs war so widersprüchlich wie immer. 1970 empfahl der Nationale Ausschuß zum Mißbrauch von Marihuana und Drogen unter Vorsitz von Raymond Shafer, daß der »Besitz von Marihuana zum persönlichen Gebrauch keine Straftat mehr sein soll, doch der Marihuanabesitz in der Öffentlichkeit soll weiterhin gesetzwidrig sein und zur Festnahme sowie zum Einzug der Droge führen«.

In einer Mitteilung an den Kongreß vom 17. Juni 1971 erklärte Präsident Richard Nixon »den Drogen den Krieg«. Er stellte den Drogenmißbrauch als »nationalen Notfall« dar und behauptete, daß »die Drogenbedrohung die Vereinigten Staaten zerstören wird, wenn wir das Problem nicht ausrotten«.

Als Teil seines Krieges gegen die Drogen hatte Präsident Nixon das *Office for Drug Abuse Law Enforcement* (ODALE) gegründet. Telefongespräche wurden abgehört, und man richtete »Heroin-Hotlines« ein, um per Telefon anonyme Tips zu erhalten. Bundesbeamte nahmen Dealer und Käufer auf der Straße fest – eine Übertretung ihrer Amtsgewalt, die örtliche Polizeibehörden verärgerte. 1973 fusionierte Nixons ODALE mit dem Amt für Narkotika und gefährliche Drogen und dem Amt des nationalen Narkotika-Nachrichtendienstes. So entstand die Drogenvollstreckungsverwaltung, die berühmt-berüchtigte DEA.[7]

Unter Präsident Gerald Ford ebbte die Marihuana-Hysterie ein wenig ab. Im September 1975 erschien das »Weißbuch zum Drogenmißbrauch«, in dem festgestellt wurde, daß Marihuana innerhalb der Gesellschaft keinen ernsthaften potentiellen Schaden anrichte. Man empfahl, daß sich der Bund eher auf die großen Drogenkartelle und die Hersteller von Heroin, Barbituraten und Amphetaminen konzentrieren solle. Die Regierung unterstützte jedoch auch einige harte Maßnahmen, um den Gebrauch von Hanf zu eliminieren, beispielsweise in Mexiko die Vergiftung von Cannabisfeldern mit Herbiziden.

Die Wahl von James E. Carter zum Präsidenten im Jahr 1977 schien ein positives Zeichen für die Befürworter der Legalisierung von Hanf zu sein. In seiner Rede vom 2. August 1977 sprach er erstmals öffentlich die Entkriminalisierung von Marihuana an. Seiner Meinung nach »sollten Strafen wegen des Drogenbesitzes für den Betroffenen nicht schädlicher sein als der Gebrauch der Droge selbst«. Carter wollte die Bundesstrafen für den Besitz von bis zu 30 Gramm Marihuana abschaffen. Die amerikanische Richtervereinigung, die amerikanische Ärztevereinigung, der amerikanische Kirchenrat und andere wichtige Organisationen billigten die Entkriminalisierung ebenfalls. Diese politische Vernunft wurde 1978 durch einen Drogenskandal im Weißen Haus selbst überschattet, in den ausgerechnet der Direktor des Büros zur Drogenmißbrauchpolitik, Peter Bourne, verwickelt war. Der unangenehme Vorfall schürte später die Reaktion gegen eine nachsichtigere Politik gegenüber dem Hanfgebrauch, die vor allem die Konservativen vorantrieben.

Die Ausrottung

Eine der berüchtigsten Vorgehensweisen im Drogenkrieg der DEA begann noch während der Amtszeit von Ford, als die US-Regierung 60 Millionen Dollar für ein Programm bereitstellte, um Hanffelder aus der Luft mit Paraquat, einem hochgiftigen Kontakt-Herbizid zu besprühen. Die Pflanzen verwelken und ein dünner Film des mutagenen Toxins bleibt auf ihnen zurück. Selbst geringe Dosen verursachen ernste Luftwegerkrankungen wie Fibrosen, krankhafte Veränderungen der Lunge und Krämpfe. Höhere Dosen können bis zum Tod führen. Die DEA war sich dieser Gesundheitsrisiken durchaus bewußt, schickte aber trotzdem Hunderte von Flugzeugen und Beratern, um das verhängnisvolle Programm der mexikanischen Regierung zu unterstützen. Erst die Carter-Regierung beendete jegliche finanzielle Unterstützung für Paraquat im September 1979, doch Mexiko kaufte das Mittel weiter und ignorierte die potentiellen Gefahren bei Verwendung des Gifts.

Die mexikanischen Hanffarmer beobachteten offenbar, daß die Wirkung von Paraquat vom Sonnenlicht abhängt, und versuchten, ihre Investition zu retten, indem sie den Hanf sofort nach dem Besprühen ernteten und ihn in dunkle Tücher wickelten, bevor sie ihn in die USA exportierten. Die Gesundheitsrisiken blieben natürlich. Man schätzt, daß über 6000 Marihuanaraucher möglicherweise bis zu 500 Milligramm Paraquat pro Jahr aufnahmen.[8]

Die Politik, Hanffelder mit Paraquat zu besprühen, wurde während der Reagan-Regierung wieder aufgenommen. Auf Geheiß des Präsidenten und mit Unterstützung des Kongresses sprühte die DEA im Jahr 1983 erneut Paraquat auf Hanf in den Wäldern von Georgia, Kentucky und Tennessee. Der Abgeordnete Elliott Levitas schätzte, daß das Besprühen, das mit rund einer Million Dollar zu Buche schlug und nur etwa sechzig Pflanzen schädigte, rund 16 000 Dollar pro Pflanze kostete. Doch Geld war kein Problem; Regierungsbeamte gaben zu, daß man mit dem Sprühprogramm die kolumbianische Regierung von den Vorzügen von Paraquat überzeugen wollte. Das potentielle Gesundheitsrisiko derjenigen, die möglicherweise die vergifteten Pflanzen rauchten, kümmerte Georgias Gouverneur Joe Harris nicht, wie er erklärte: »Wir haben diesen Menschen gegenüber keine Verantwortung. Sie tun etwas Illegales.« Der Drogenberater des Weißen Hauses, Carlton E. Turner, offenbarte die Position der Reagan-Regierung, als er mit der Botschaft im nationalen Fernsehen auftrat, daß es geradezu eine gerechte Strafe sei, wenn jemand an Hanf, der mit Paraquat vergiftet war, sterben würde.[9]

Die kolumbianische Regierung reagierte tatsächlich auf den amerikanischen Druck und begann im Juli 1984, Hanffelder mit Glyphosphat, einem anderen Herbizid, zu besprühen. Hanf wurde zu dieser Zeit auf etwa 9 400 Hektar angebaut, was einer Ernte von etwa 10 000 Tonnen für den Export in die Vereinigten Staaten entsprach. Präsident Reagan dankte Kolumbiens Präsidenten Betancur und lobte seine Bemühungen als »ein Beispiel, dem alle Nationen folgen sollten«.[10]

Das Verbot

Am 5. September 1989 versprach George Bush in seiner ersten großen Fernsehansprache nach seiner Wahl zum Präsidenten, den »Krieg gegen die Drogen« fortzusetzen. Tatsächlich drangen die Vereinigten Staaten drei Monate später in Panama ein, um General Manuel Noriega und seine Anhänger zu vertreiben – angeblich wegen der Bedrohung der amerikanischen Sicherheit durch den Drogenhandel. Noriega wurde in den Vereinigten Staaten vor Gericht gestellt.

Im nächsten Jahr nahm das US-Militär an der geheimen Operation Ghost Dancer teil. Trotz örtlicher Proteste »griff« eine Infanteriedivision Hanffelder in Oregon »an«. Senator Mark Hatfield hielt es für eine gute Idee, den »Krieg gegen die Drogen« gegen die Einwohner seines Staates zu führen. Er versicherte, daß »dies in keinster Weise die Bürgerrechte irgendeines Menschen verletze«.[11]

In Kalifornien hatte man bereits einige Jahre zuvor die Kampagne gegen den Marihuanaanbau (CAMP) durchgezogen, finanziert vom staatlichen Büro für Narkotikabekämpfung und vom DEA. CAMP-Truppen zerstörten Hunderttausende von Hanfpflanzen, und Präsident Reagans Amt für Drogenpolitik verlieh CAMP einen Goldstern, weil die Kampagne ein ausgezeichnetes Beispiel der nationalen Strategie zur »Cannabisunterdrükkung« war.[12] Mehrere hundert offizielle Klagen wegen Mißbrauchs der Bürgerrechte wurden vor dem Bundesgericht gegen CAMP erhoben, weil Beamte in Hubschraubern und Flugzeugen in geringer Höhe über Häuser geflogen waren, unschuldige Menschen mit vorgehaltener Schußwaffe bedroht hatten, ohne Durchsuchungsbefehl in Gärten eingedrungen waren und in einem Fall sogar den Hund einer Familie erschossen hatten. Richter Robert Aquilar vom US-Distriktgericht ordnete im Februar 1985 an, daß das Amt dies unterlassen solle.

Im Oktober 1986 gab Richard Lyng, Staatssekretär des Landwirtschaftsministeriums Pläne zur Schaffung einer 500 Mann starken Spezialeinheit bekannt, die vom DEA oder FBI geschult werden sollte, um gegen »schwerbewaffnete« Hanfpflanzer zu kämpfen, die die Kontrolle über rund 400 000 Hektar nationaler, als »unkontrollierbar« bewerteter Wälder übernommen hatten. Der Kongreß gab dafür 20 Millionen Dollar frei und erklärte den Hanfanbau in nationalen Wäldern zu einem Staatsverbrechen.

Die Vereinigten Staaten ließen die Grenze zwischen Arizona und Mexiko 1987 von Einheiten der Nationalgarde aus vier Staaten als Teil der Operation Harvest 30 Tage lang zu Land und Luft überwachen. Die gesamte Aktion kostete knapp eine Million Dollar. Während eines 18tägigen Manövers im Mai 1988 durchsuchten die US-Marine und die US-Küstenwache 35 von 571 georteten Schiffen; nur auf einem wurde Marihuana im Wert von etwa 400 000 Dollar gefunden. Diese Maßnahme vergeudete 6,5 Millionen Dollar Steuergelder.

Zur selben Zeit beschloß das Repräsentantenhaus, daß das Militär den Schmuggel von illegalen Drogen in die Vereinigten Staaten innerhalb von 45 Tagen stoppen sollte. Das Verteidigungsministerium machte erst einen Kostenvoranschlag über 22 Milliarden Dollar, gestand aber im Juni 1988 ein,

daß dies ein Auftrag sei, »den die Streitkräfte unter absehbaren Gefechtsregeln nicht durchführen können … Alle Ausrottungs- und Verbotsbemühungen der Welt werden nicht effektiv sein, solange die Nachfrage nach Drogen im Land so groß ist«.[13]

Das Rechnungsprüfungsamt der Regierung (GAO) faßte 17 Jahre »Drogenkrieg« 1988 in einem Bericht an den Kongreß zusammen, in dem es kategorisch hieß: »Unser jetziges Verfahren funktioniert nicht.« Man empfahl, durch Vorbeugung und Behandlung sowie Untersuchungen über Ursachen und Umfang des Drogenmißbrauches die Nachfrage zu reduzieren. Das Büro erklärte auch, daß der sogenannte Drogenkrieg führerlos sei, ein Flickwerk aus 37 Bundesbehörden griffe das Problem ohne Übereinstimmung an und behindere sich gegenseitig in bürokratischen Grabenkämpfen. Das Gesetz gegen den Drogenmißbrauch aus dem Jahr 1988 schuf schließlich die Position eines Direktors der nationalen Drogenkontrollpolitik.[14]

Das National Drug Intelligence Center (NDIC) in Johnstown, Pennsylvania, öffnete seine Pforten 1993, um die Informationen über Drogen, die von 19 verschiedenen Behörden geliefert wurden, auszuwerten. Einem kritischen Bericht des GAO zufolge ist die 150 Millionen Dollar teure Einrichtung überflüssig, denn die Einsatzleiter sitzen in Washington D.C., weil Johnstown von den Entscheidungszentren zu weit entfernt ist, um praktische Arbeit leisten zu können.[15]

Strafverfolgung und Mindeststrafe

Während einerseits Versuche unternommen wurden, das Problem Hanf buchstäblich mit der Wurzel auszurotten, bemühte man sich andererseits, dem Marihuanagebrauch durch schärfere Gesetze und Abdrängen in den Bereich der Kriminalität beizukommen. Der Kongreß verabschiedete in den achtziger Jahren eine Reihe von Verbrechens- und Drogengesetzen, die schwere obligatorische Mindeststrafen festlegten, und die zu einer Verdreifachung der Zahl der Gefängnisinsassen in den USA führten. Dies beeinträchtigt nicht nur die Polizeiarbeit, sondern blockiert das gesamte Justizwesen.

■ Stephen Jay Gould, der herausragende Harvarder Paläontologe, beurteilte den medizinischen Wert von Cannabis in Dr. Lester Grinspoons und James B. Bakalars Buch *Marihuana. Die Verbotene Medizin* so:
Ich gehöre zu einer sehr kleinen, sehr glücklichen und sehr ausgewählten Gruppe – zu den ersten Überlebenden einer bisher unheilbaren Krebsart, dem abdominalen Mesotheliom … als die intravenöse Chemotherapie begann (Adriamycin), half absolut kein Medikament aus dem verfügbaren Arsenal von Antiemetika. Mir war hundeelend, und ich fürchtete mich mit einer fast perverser Intensität vor den weiteren Behandlungen.
Ich hatte gehört, daß Marihuana oft gut gegen Übelkeit hilft. Ich zögerte, es auszuprobieren, weil ich nie irgend etwas gewohnheitsmäßig geraucht hatte … Außerdem hatte ich Marihuana zweimal probiert (wie es üblich war für jemanden, der in den sechziger Jahren aufwuchs), und es hatte mir gar nicht

gefallen. (Ich bin ziemlich puritanisch, was Substanzen angeht, die in irgendeiner Weise mentale Zustände dämpfen oder verändern – denn ich lege mit der üblichen überwältigenden Arroganz des Akademikers viel Wert auf mein rationales Bewußtsein …) Aber mir war alles recht, was gegen diese Übelkeit half und gegen den perversen Wunsch nach einem Ende der Behandlung, den sie hervorruft.
Der Rest der Geschichte ist kurz und schön. Das Marihuana half wie ein Zauberspruch. Die »Nebenwirkung« der geistigen Unschärfe … gefiel mir nicht, aber der pure Segen, daß die Übelkeit wegfiel – und ich sie nicht in all den Tagen zwischen den Behandlungen fürchten mußte – war der größte Ansporn, den ich in dem ganzen Behandlungsjahr erhalten habe und hatte mit Sicherheit eine sehr wichtige Auswirkung auf meine letztliche Heilung. Es geht über meinen Verstand – und ich schätze, daß ich in der Lage bin, einiges zu verstehen, eingeschlossen ziemlich viel Unsinn – wie irgendein menschliches Wesen eine derart segensreiche Substanz Menschen vorenthalten kann, die in so großer Not sind, nur weil manche Leute diese Substanz für andere Zwecke benutzen.[16] ■

Bereits 1963 zitierte der sogenannte Kennedy-Bericht mehrere negative Auswirkungen, die auch heute noch offensichtlich sind: »Überbevölkerung der Gefängnisse, empörende Strafverfolgung, mangelnde richterliche Freiheit und eine unkontrollierte Zunahme gewalttätiger Verbrechen.« 1970 hatte der Kongreß alle Mindeststrafen aufgehoben und die Funktion richterlicher Machtbefugnis wiederhergestellt, doch auch damit war das Problem noch nicht gelöst.

Das Gesetz zur Verbrechensbekämpfung aus dem Jahr 1982 ermöglichte es der Regierung bei Drogenstraftaten, das Eigentum der Angeklagten zu beschlagnahmen. Nach und nach wurden die Strafgesetze verschärft, bis schließlich das Gesetz zur Drogenbekämpfung aus dem Jahr 1988 ein »drogenfreies Amerika« im Jahr 1995 zu seinem Ziel erklärte. Ein Gesetz aus dem Jahr 1990 fordert von den Bundesstaaten, daß sie den Führerschein von Menschen, die wegen Drogenstraftaten verurteilt wurden, sechs Monate lang einziehen. Am 27. Juni 1991 bezeichnete das oberste Bundesgericht der USA den Drogenhandel als große Bedrohung der Gesellschaft und erklärte, daß die Bundesstaaten eine lebenslängliche Freiheitsstrafe ohne Bewährung aussetzen können, wenn die Angeklagten wegen des Besitzes großer Drogenmengen verurteilt werden.[17]

Zwischen 1950 und 1990 ging die durchschnittliche Haftzeit für alle schweren, nicht mit Drogen zusammenhängende Straftaten um 65 Prozent zurück, während sie bei den Drogenstraftaten stark anstieg. Etwa 16 Prozent der Gefängnisinsassen in den USA im Jahr 1970 hatten gegen die Drogengesetze verstoßen, aber im Jahr 1994 war dieser Anteil auf 62 Prozent gestiegen. Obwohl der Drogenkrieg eine große Krise im Gefängnissystem auslöste, hat er kaum zu einer Reduzierung der verfügbaren

Drogen geführt. 1994 saßen etwa 200 000 Menschen wegen Drogenstraftaten in den Staats- und Bundesgefängnissen der USA, während man Gewaltverbrecher frühzeitig aus dem Gefängnis entließ, um Platz zu schaffen.

Das harte Vorgehen der DEA (Drug Enforcement Agency) in den 70er Jahren hatte zur Folge, daß Hanfpflanzer erfindungsreicher wurden.

Mindeststrafen für Cannabis-Straftäter haben zu einer Überfüllung der Gefängnisse geführt, aber nicht zur Verurteilung der großen Dealer, wie man vielleicht erwarten würde. Statt dessen fand eine Studie der *Boston Globe* für das östliche Massachusetts heraus, daß 1994 zum erstenmal straffällig gewordene Täter gut ein Viertel der Gefängnisbevölkerung ausmachten. Diese »Kleinen Fische« sitzen sogar oft *mehr* Zeit ab als die harten Dealer. Warum? Aufgrund der Regelung, daß die Behörden den Besitz von Drogenstraftätern einziehen dürfen. Die Dealer indes verlieren ihr Vermögen nicht so schnell und können es gegen reduzierte Strafen oder Bewährungsstrafen »verpfänden«.[18]

Die Ungerechtigkeit der Mindeststrafen für Dro-

genstraftaten veranlaßte fast einhundert Bundes-
richter bei derartigen Fällen den Vorsitz zu verweigern, andere Richter haben sich aus demselben
Grund frühzeitig pensionieren lassen. Neun von
zehn Richtern des obersten Gerichtshofs von Massachusetts erklärten, daß sie gegen Mindeststrafen
seien.[19]

Die Situation in Deutschland

In Deutschland wird zwar gegen Cannabis als
Droge weit weniger drastisch vorgegangen, mit
der Verschärfung des Betäubungsmittelgesetzes im
Jahr 1982 steht der Besitz, Erwerb und Anbau aber
auch hier unter Strafe. Die Strafverfolgung ist Aufgabe der Bundesländer, die mit unterschiedlicher
Strenge gegen »Täter« vorgehen. Zur Verwirrung
bei Bund und Ländern trug das Urteil des Bundes-
verfassungsgerichts im Frühjahr 1994 bei, das eine
Änderung des bisherigen Gesetzesrahmens fordert
und jedem Konsumenten eine straffreie »geringe
Menge« bei »gelegentlichem Genuß« zugesteht.
Der Besitz dieser Menge bleibt weiterhin illegal, ist
aber nicht mehr »bestrafenswert«, d. h. wer gefaßt
wird, bekommt höchstens eine Geldbuße, und das
Verfahren gegen ihn wird eingestellt. Auf die vom
Bundesverfassungsgericht geforderte einheitliche
Höhe dieser »geringen Menge« konnten sich die 16
Bundesländer auch zwei Jahre später noch nicht
einigen. Nach wie vor hält jedes Land an seinen
eigenen Maßstäben fest: Während Schleswig-Hol-
stein, Nordrhein-Westfalen, Hessen, Rheinland-
Pfalz sowie Hamburg und Bremen den Konsumenten zwischen 10 und 30 Gramm Cannabis zugeste-
hen wollen und eine liberale Drogenpolitik anstre-

ben, beharren vor allem Bayern und Baden-Würt-
temberg auf ihrer schärferen Gangart.

Auch wenn die Rechtsunsicherheit für Cannabis-
Konsumenten vorerst bestehenbleibt, so haben
doch die vergangenen beiden Jahre Bewegung in die
allgemeine Hanfdiskussion gebracht.

Der holländische Weg

Die Strafverfolgung der Vereinigten Staaten ist bei
weitem nicht typisch für andere Regierungen der
Welt. Mindestens zehn Jahre lang haben verschiedene Nationen Möglichkeiten untersucht, um den
Konsum von Cannabis auf andere Weise als durch
Verbot oder Bestrafung zu handhaben. Holland
praktiziert mit seinen schätzungsweise 1500 Coffee
Shops, in denen Haschisch erworben werden kann,
eine ganz eigene Form der Legalisierung, das sogenannte *Gedogen*, eine Politik des gezielten Weg-
schauens. Wie überall wird auch in den Niederlanden der Drogenhandel strafrechtlich verfolgt, vor-
rangig jedoch soll das Angebot reduziert werden.
Es wird mit »Feingefühl bei der Strafverfolgung«
vorgegangen, um eine praktischere Politik der Toleranz gegenüber dem Verkauf und Besitz von kleinen Mengen Cannabis walten zu lassen.

Die Holländer unterscheiden zwischen Cannabis, einer »weichen« Droge, und »harten« syntheti-
schen Drogen wie Heroin und Amphetaminen.
Ihnen ist es gelungen, diese beiden Bereiche im großen und ganzen zu trennen, so daß Haschischraucher den Verlockungen und Gefahren stärkerer
Substanzen kaum ausgesetzt sind. Die holländische
Rauschgiftpolizei betont die soziale Kontrolle
durch Anpassung und Integration in die Gesell-

schaft, statt Drogenbenutzern moralische Werte aufzuzwingen, indem sie kriminalisiert und bestraft werden. Daher versucht man, die Nachfrage nach und die schädlichen Wirkungen von Drogen durch erzieherische und therapeutische Mittel zu reduzieren. Zudem betrachten die Holländer nicht mit Drogen zusammenhängende Probleme (Armut und Ghettos, Rassismus und Zugang zu sozialen Diensten) als einen ursächlichen Faktor für Drogenmißbrauch. Der Drogengebrauch wird nicht ermutigt, doch die Benutzer erhalten die Möglichkeit, bei voller Verantwortung für ihre Gesundheit und mit dem ausreichenden Respekt für die öffentliche Sicherheit, Drogen zu nehmen.

Durch die einfache Tolerierung von Cannabis leidet Holland viel weniger unter den mit harten Drogen einhergehenden Problemen als andere Länder. Die Kinder lernen, mit den Risiken des Lebens, einschließlich Drogen, umzugehen. Aus diesem Grund ist der Drogenmißbrauch unter Jugendlichen dort viel niedriger als in den USA und anderen Ländern. In einer neuen Studie stellte man fest, daß nur drei Prozent der Jugendlichen Cannabis rauchen. Die Anzahl von Drogentoten ist ebenfalls sehr niedrig.[20]

Einheimische und Touristen können Haschisch frei in den bereits erwähnten Coffee Shops erwerben. Proteste einiger EU-Staaten, allen voran der französischen und der deutschen Regierung mit ihrer restriktiven Drogenpolitik, haben dazu geführt, daß die bisherige Höchstabgabemenge pro Person von 30 Gramm Haschisch auf fünf Gramm gesenkt wurde. Am Ausgang der Coffee Shops informieren verschiedene Plakate den Kunden in mehreren Sprachen: »Keine harten Drogen. Kein aggressives Verhalten. Kein Handel mit gestohlenen Waren. Kein Zugang für Personen unter 16 Jahren. Bei Verletzung dieser Hausregeln wird sofort die Polizei gerufen.«[21]

Hanf wird auch weiterhin in den Teppich des menschlichen Lebens eingewebt werden und dürfte weiterhin Kontroversen auslösen. Hoffentlich sind wir in der Zukunft, wenn wir einen Schritt zurücktreten und diesen Teppich betrachten, in der Lage, zu sehen, wie dieser Faden in die entfernteste menschliche Vergangenheit zurück- und in eine unbegrenzte Zukunft hineinreicht, wobei nur der schwarze Fleck in der zweiten Hälfte des 20. Jahrhunderts eine Kuriosität in den Geschichtsbüchern bleiben wird. Die nächsten Jahre werden über die Zukunft des Hanfs entscheiden.

Register

Anhang

■ *Anmerkungen*

Einführung

1 Conrad, C.: *Hemp, Lifeline to the Future*. Los Angeles, 1990, 130.

2 Hunsigi, G.: *Outlook on Agriculture* 18, Nr. 3, 1989, 96–103.

Kapitel 1

1 Kerr, A.: »Hemp to Save the Forests«, *Wild Earth*, 1994, 55.

2 Die Informationen über Faserpflanzen stammen v. a. aus folgenden Quellen: Bedetti, R. und Ciaralli, *Cellulosa e Carta* 26, 1976, 27–30; Berger, J.: *The World's Major Fibre Crops: Their Cultivation and Manuring*, Zürich, 1969; Bosia, A.: *Cellulosa e Carta* 26, 1976, 32–36; Christie, B. R.: *CRC Handbook of Plant Science in Agriculture*, Vol. 2, Boca Raton, 1987, 71–85; Hawken, P.: *The Ecology of Commerce*, New York, 1993, 149; Kirby, R. H.: *Vegetable Fibres: Botany, Cultivation, and Utilization*, New York, 1963; Purseglove, J. W.: *Tropical Crops: Dicotyledons*, New York, 1966, 40–44.

3 Hawken P.: *The Ecology of Commerce*, 3, 22, 29.

4 West, C. J.: Paper Trade Journal, 13. Okt. 1921, 46, 48.

5 Tagungsband, Symposium »Biorohstoff Hanf« (Frankfurt, März 1994).

6 Ausführliche Informationen in: Ash, A. L.: *Economic Botany* 2, 1948, 158–169; Catling D. und Grayson, J.: *Identification of Vegetable Fibres*, London, 1982, 71–78; Hoffmann, W.: Hanf, Cannabis Sativa L., in *Handbuch der Pflanzenzüchtung* Bd. 5, Berlin 1961, 204–263; Kundu, B. C.: *Indian Botanical Society Journal* 21, 1942, 93–128.

7 Integrated Biofuels Research Program, Phase II Final Report, Hawaii Natural Energy Institute, Hawaii, August 1990.

8 Conrad: Hemp, *Lifeline to the Future*, 103–114.

9 Osburn, L.: *Energy Farming in America*, Frazier Park, 1992.

10 Rosenthal, E.: *Hemp Today*, Oakland, 139–143.

11 Manahan, S.: *Energy from Photosynthesis*, Columbia, 439.

12 2425 Eighteenth St. NW, Washington, DC 20009-2096, 202-232-4108.

13 Herer, J.: *Hemp and the Marihuana Conspiracy: The Emperor Wears No Clothes*, Van Nuys, 1994.

14 Dewey, L.: »Hemp«, *USDA Yearbook*, Washington, DC, 1913.

15 Malyon, T. und Henman, A.: *New Scientist*, 13. Nov. 1980, 433–435.

16 Höppner, F.: *d/z Agrarmagazin*, Febr. 1996, 38–41; Höppner, F. und Menge-Hartmann, U.: *Landbauforschung Völkenrode*, Heft 4, 1994, 314–324.

17 Höppner, F.: a. a. O.

18 *Hanf!*, März 1996, 26–27; Katalyse (Hrsg.): *Hanf & Co.*, Göttingen, 1995, 44–47.

19 Katalyse, a. a. O., 49.

20 Katalyse, a. a. O., 49–50.

21 *Toronto Globe and Mail*, 15. Juni 1994, A25.

22 Robinson, B. B.: »Hemp«, *USDA Farmers' Bulletin*, Nr. 1935, 1943; *Die Lustige Hanffibel*, Berlin, 1943, 12–14.

23 *Die Lustige Hanffibel*, 15–16.

24 Roulac, J. W. (Hrsg.): *Industrial Hemp*, Ojai, 1995.

25 Tagungsband, Symposium »Biorohstoff Hanf« (Frankfurt, März 1994).

Kapitel 2

1 Bensky D. und Gamble, A.: *Chinese Herbal Medicine: Materia Medica*, Seattle, 1993.

2 Quellen: Manandhar, N. P.: *Economic Botany* 45, 1991, 63; Francis, P.: *Economic Botany* 38, 1984, 197–200; Chang U. und King, G.: *The Materia Magica of the Hindus*, 1877; Manniche, L.: *An Ancient Egyptian Herbal*, Austin, 1989.

3 O'Shaughnessy, W. B.: *Trans. Med. and Physical Soc. Bengal* 8, 1838–1840, 421–469.

4 Quellen: Aubert-Roche, L.: *Documents and Observations Concerning the Pestilence of Typhus*, Paris, 1843; Rodger, J. R.: *J.A.M.A.* 217, Nr. 12, 1971, 1705–1706; Inglis, R.: *Medical Times* 12, 1854, 454.

5 Robinson, V.: *Medical Review of Reviews* 18, 1912, 159–169.

6 Grinspoon, L. und Bakalar, J. B.: *J.A.M.A.* 273, 1995, 1875–1876.

7 Green, K.: »Marijuana Effects on Intraocular Pressure«, in: *Glaucoma: Applied Pharmacology of Medical Treatment*, hrsg. von Drance, S. M. und Neufeld, A. H., 1984, 507–526; Green, K. et al.: *Exper. Eye Res.* 23, 1976, 443–448; 24, 1977, 189–196; 27, 1978, 239–246.

8 Hepler, R. S. und Frank, I. M.: *J.A.M.A.* 217, 1971, 1392; Dawson, W. W. et al.: *Investig. Opthalmol.* 16, Nr. 8, 1977, 689–699; Mohan, H. und Sood, G. C.: *Brit. J. Opthalmology* 48, 1964, 160.

9 Sallan, S. E. et al.: *New England J. Med.* 293, 1975, 795–797; 302, 1980, 135–138; Gralla, R. J. et al.: *Proc. Amer. Soc. Clin. Oncol.* 1, 1982, 58; Formukong, E. A. et al.: *Phytotherapy Res.* 3, Nr. 6, 1989, 219–231.

10 Kleiman, M. und Doblin, R.: *Annals of Internal Medicine*, 1. Mai 1991.

11 Leyman, W. D. et al.: *J. Neuroimmunology* 23, 1989, 73–81; Karler, R. et al.: *Life Sci.* 15, 1974, 9131–9147.

12 *Ther. Gazz.* 11, 1887, 4–7, 124.

13 Vachon, L. et al.: *Chest* 70, Nr. 3, 1976, 444.

14 Tashkin, D. P. et al.: *Amer. Rev. Respir. Dis.* 109, 1974, 420–428; 122, 1975, 377–386.

15 Gordon, R. et al.: *Eur. J. Pharmacol.* 36, 1976, 309–313.

16 Weitere Quellen zum Thema Atembeschwerden: Hartley, J. et al.: *British Journal of Clinical Pharmacology* 5, Nr. 6, 1978, 523–525; Sirek, J.: »Importance of Hemp Seed in TB Therapy (auf Tschechisch), *Acta Univ. Palack. Olomuc.* 6, 1955, 93–108.

17 Reynold, J. R.: *Lancet* 1, 22. März 1890, 637–638; Cunha, J. M. et al.: *Pharmacology* 21, 1980, 175–185.

18 Check, W. A.: *J.A.M.A.* 241, Nr. 23, 1979, 2476.

19 Consroe P. et al.: *Intl. J. Neuroscience* 30, 1982, 277–282; Gildea, M. und Bourne, W.: *Life Science* 10, 1977, 133–140; Giusti, G. et al.: *Experientia* 33, 1977, 257.

20 Harris, L. S. et al.: »Anti-tumor properties of cannabinoids«, in: Braude, M. C. und Szara, S. I.: *Pharmacology of Marihuana*, New York, 1976; Harris, L. S.: *Pharmacologist* 16, 1974, 259.

21 White, A. C. et al.: *J. Natl. Cancer Inst.* 56, 1976, 655–658; Friedma, M. A.: *Cancer Biochem. Biophysics* 2, Nr. 2, 1977, 51–54.

22 Kabelik, J. et al.: *Bull. Narc.* 12, 1960, 5–23.

23 Krejci, Z.: *Pharm. Indust.* 13, 1958, 155–157; Krejci, Z.: *Pharmazie* 12, 1957, 439–443; 14, 1959, 279–281.

24 *Toronto Globe & Mail*, 16. Juni 1994, 20.

25 Moreau, J. J.: *Hashish and Mental Illness*, New York, 1973; Brigham, A.: *American Journal of Insanity* 2, 1846, 275–281.

26 Stockings, G. T.: *J. Mental Sci.* 90, 1944, 772.

27 Turner, R. K. et al.: *Arch. Int. Pharmacodyn. Ther.* 214, Nr. 2, 1975, 254, 262.

28 Mishra, S. S. und Sahai, I.: *7th Intl. Congress of Pharmacology*, Paris 16.-21. Juli 1978, 168.

29 Kosersky, D. S. et al.: *Eur. J. Pharmacol.* 24, 1973, 1–7.

30 Formukong, E. A. et al.: *Inflammation* 12, 1988, 361–371.

31 Carty, B. et al.: U.S. Patent 4.917.889 (CL. 424/693.1), 17. April 1990.

32 Milstein, S. L.: *Intl. J. Pharmacopsychiat.* 10, 1975, 177–182; Noyes, R. et al.: *J. Clin. Pharmacol.* 15, 1975, 139–143.

33 Newsbank, 1991: HEALTH 93, G10.

34 Thompson, L. J. und Proctor, R. C.: »Pyrahexyl in the Treatment of Alcoholic and Drug Withdrawal Conditions«, in: *The Marihuana Papers*, hrsg. von Solomon, D., New York, 1966, 380–387.

35 Carlini, E. A. und Cunha, J. M.: *J. Clin. Pharmacol.* 21, Suppl., 1981, 417–427.

36 Morahan, P. S. et al.: *Infect. Immunology* 23, Nr. 3, 1979, 670–674.

37 Lancz, G. et al.: *Proc. Soc. Exper. Biol. & Med.* 196, 1991, 401–404.

38 Reynolds, J. J.: *Lancet* 1, 1890, 637.

39 Mattison, J. B.: *St. Louis Med. Surg. J.* 61, 1891, 266.

40 Osler, W.: *The Principles and Practice of Medicine*, 8. Aufl., New York, 1913, 1089; Volfe, Z. et al.: *Intl. J. Clin. & Pharmacol. Res.* 5, 1985, 243–246.

41 Jones, J. S.: *Lancet*, 1978, 1053; See, G.: *J.A.M.A.* 15, 1890, 540; *Lancet* 2, 1890, 631–632.

42 Grigor, J.: *Monthly J. Med. Sci.* 15, 1852, 124–125.

43 Brown, J.: *Brit. Med. J.* 1, 26. Mai 1883, 1002.

44 Osburn, L.: *Hemp Line Journal* 1, Nr. 2, 1992, 12–13, 21; Vickery, H. B. et al.: *Science* 92, 4. Okt. 1940, 317–318; *The Wealth of India: Raw Materials*, Vol. 2, Delhi 1950, 58–64.

45 Shinogi, M. und Mori I.: *Yakugaku Zasshi* 98, Nr. 5, 1978, 569–576; Waisman, H. A. und Elvehjem, C. A.: *J. Nutrition* 16, Nr. 2, Aug. 1938, 103–114; Rosenthal: *Hemp Today.*

46 Osborne, T. B.: *Amer. Chem. J.* 14, 1892, 662; *J.A.C.S.* 21, 1899, 486; 24, 1902, 28, 39; Osborne, T. B. und Mendel, L. B.: *J. Biol. Chem.* 13, 1912, 233.

47 Angelo, A. J. St. et al.: *Arch. Biochem. and Biophysics* 124, 1968, 199–205.

48 Kemmoku, A. et al.: *Bull. Faculty of Education, Utsonomiya University* 42, Nr. 2, 1992, 165–172.

49 Weil, A.: *Natural Health Magazine*, März-April 1993, 10–12.

50 Erasmus, U.: *Fats that Heal, Fats that Kill*, Burnaby, 1993, 287–292.

51 Grinspoon, L.: *Marihuana Reconsidered*, Oakland, 1994, X.

52 *Report of the Indian Hemp Drugs Commission* (1893–1894), 8 Bde., Simla, Indien, 1894.

53 Mikuriya, T.: *International J. of the Addictions*, 1968; Kaplan, J.: *Report of the Indian Hemp Drugs Commission: Summary Volume*, Silver Springs, 1969.

54 Siler Committee: *Canal Zone Papers*, Washington, DC, 1931.

55 New York Mayor's Committee on Marihuana: *The Marihuana Problem in the City of New York*, Metuchen, N. J., 1973.

56 Hallucinogens Subcommittee of the British Advisory Committee on Drug Dependance, *The Wooton Report on Cannabis*, 1968; *Nature* 221, 1969, 205–206.

57 National Commission on Marihuana and Drug Abuse: *Cannabis: Signal of an Misunderstanding*, Washington, DC, 1972.

58 Rubin, V. and Comitas, L.: *Ganja in Jamaica: A Medical Anthropological Study of Chronic Marihuana Use*, The Hague, 1975; Nahas, G. G.: *Bulletion of Narcotics* 37, Nr. 4, 1985, 15–29.

59 Rubin, V. and Comitas, L.: *Ganja in Jamaica.*

60 Dreher, M. C.: *Working Men and Ganja*, Philadelphia, 1982.

61 Carter, W. E. und Doughty, P. L.: *Annals N.Y. Acad. Sci.* 282, 1976, 2–16.

62 Fletcher, J. M. et al.: *Contemporary Drug Problems* 7, Nr. 1, 1978, 3–34; Satz, P. et al.: *Ann. N.Y. Acad. Sci.* 282, 1976, 266–306; Carter, W. (Hrsg.): *Cannabis in Costa Rica: A Study in Chronic Marijuana Use*, Philadelphia, 1980.

63 Stefanis, C. N. und Issodorides, M. R.: *Science* 191, Nr. 4233, 1976, 1217; Stefanis, C. N. et al.: *Hashish. Studies of Long-Term Use*, New York, 1977; Dornbusch, R. L. und Kokkevi, A: *Annals N.Y. Acad. Sci.* 282, 1976, 58–63, 313–322.

64 Grinspoon, L.: *Marijuana Reconsidered*, X.

65 Advisory Council on the Misuse of Drugs: *Report of the Expert Group on the Effects of Cannabis Use*, 1982.

66 Tennant, D. P. et al.: *J.A.M.A.* 216, 1971, 1965–1969; Zwillich, C. et al.: *J. Clin. Res.* 25, Nr. 2, 1977, 136; McConnell, W. R. et al.: *Fed. Proc.* 34, Nr. 3, 1975, 782.

67 Huber, G. L. et al.: *Chest* 77, 1980, 403–410; Leuchtenberger, C. et al.: *Nature* 241, 1973, 137–139.

68 Charles, R. et al.: *Clinical Toxicology* 14, Nr. 4, 1979, 433–438; Piemme, T. E.: *N. Engl. J. Med.* 285, Nr. 2, 1971, 124.

69 Hanna, J. M. et al.: *Aviation, Space and Environ. Med.* 47, 1976, 634–639; Abel, E. L.: *Experientia* 29, Nr. 12, 1973, 1528–1529.

70 Heyndrickx A. et al.: *J. Pharm. Belg.* 24, 1969, 375; *Chem. Abstracts*, 72, 1970, 41177t; Gary, N. E. und Keylon, V.: *J.A.M.A.* 211, Nr. 3, 1970, 501.

71 Garriot, J. C.: *N. Engl. J. Med.* 285, 1971, 86–87; *Chem. Abstracts*, 74, 1971, 97268g.

72 Burnstein, S. et al.: Molecular Pharmacology 15, Nr. 3, 1979, 633–640.

73 Kolodny, R. C. et al.: *N. Engl. J. Med.* 290, 1974, 872–874; Mendelson J. H. et al.: *N. Engl. J. Med.* 291, 1974, 1051–1055; Coggins J. W. et al.: *Ann. N.Y. Acad. Sci.* 282, 1976, 148–161; Hembree, W. C. et al.: »Changes in Human Spermatozoa Associated with High-Dose Marihuana Smoking«, in: *Marihuana: Biological Effects*, hrsg. von Nahas, G. und Paton, W. D. M., Oxford 1979, 429–439.

74 Dreher, M. C., Nugent, K. und Hudgins, R.: »Prenatal Marijuana and Neonatal Outcomes in Jamaica: An Ethnographic Study«, *Pediatrics* 93, Nr. 2, 1994, 254–260.

75 *Brit. Med. J.* 1, 1969, 797.

76 Buckley, J.: »A Case Study of Acute Nonlymphoblastic Leukemia – Evidence for an Association with Marihuana Exposure«, in: *Cannabis: Physiology, Epidemiology, Detection,* hrsg. von Nahas, G. und Latour, C., Boca Raton, 1993, 155.

77 Heath, R. G. et al.: *Biol. Psychiatry* 15, 1980, 657–690; Harper, J. W. et al.: *Neurosci. Res.* 3, 1977, 87–93, Campbell, A. et al.: *Lancet* 2, 1971, 1219–1225.

78 Grinspoon: *Marijuana Reconsidered*, 387.

79 Relman, A. (Hrsg.): *Marijuana and Health*, Washington, DC, 1982.

80 Tart, C.: *On Being Stoned*, Palo Alto, 1971; Clark, L. D. et al.: *Arch. Gen. Psychiatry* 23, 1970, 193–198; Vachon, L. et al.: *Psychopharmacologia* 39, 1974, 1–11; Tinklenberg, J. R.: *Psychopharmacology* 49, 1976, 275–279; Paton, W. D. M. und Crown, J. (Hrsg.): *Cannabis and Its Derivates*, London, 1972; Weil, A.: *The Natural Mind*, Boston, 1972, 96–97.

81 Spencer, D. J.: *Brit. J. Addiction* 65, 1970, 369–372; Chopra, D. S. und Smith, J. W.: *Arch. Gen. Psychiatry* 30, 1974, 24–27; Tennant, F. S.: *J.A.M.A.* 221, 1972, 1146–1149; Treffert, D. A.: *Amer. J. Psychiatry* 135, 1978, 1213–1215.

82 Darley, C. F. et al.: *Psychopharmacologia* 29, 1973,

231–238; 37, 1974, 139–149; Abel, E. L.: *Nature* 227, 1970, 1151–1152; 231, 1971, 260–261.

83 Berkow, R. (Hrsg.): *MSD Manual für Diagnostik und Therapie*, 1993, 2994.

84 Kolansky, H. und Moore, W.: *J.A.M.A.*, 216, 1971, 486–492.

85 Grinspoon: *Marijuana Reconsidered*, XX.

86 Rubin und Comitas: *Ganja in Jamaica*, 1975.

87 Corey, E. J. et al.: *J. Amer. Chem. Soc.* 106, 1984, 1503–1504.

88 *Science News* 134, 26. Nov. 1984, 350.

89 Fackelman, K. A.: *Science News* 143, 6. Febr. 1993, 88–89, 94; Munro, S. et al.: *Nature* 365, 2. Sept. 1993, 61–65; Matsuda, L. et al.: *Nature* 346, 9. Aug. 1990, 561–564.

90 Devane, W. A. et al.: *Science* 258, 18. Dez. 1992, 1946–1949; Devane, W. A.: *Trends Pharmacol. Sci* 15, Nr. 2, 1994, 40–41.

Kapitel 3

1 McKenna, T.: »Plan, Plant, Planet«, *Whole Earth Review*, 1989, 6.

2 Sagan, D.: *Die Drachen von Eden*, München, 1978, 205.

3 Schultes, R. E. und Hofmann, A.: *Pflanzen der Götter*, Bern, 1987, 95.

4 Abel, E. L.: *Marijuana: The First Twelve Thousand Years*, New York, 1980, 19.

5 Eliade, M.: *Shamanism*, New York, 1973.

6 Schultes, R. E. und Hofmann, A.: *Pflanzen der Götter*, Bern, 1987, 95–96.

7 Creighton, C.: »On Indications of the Hasheesh Vice in the Old Testament«, *Janus* 8, 1903.

8 Nahas, G. G.: Marihuana: *Deceptive Weed*, New York, 1973, 3.

9 Bennett, C., Osburn, L. und Osburn, J.: *Green Gold, the Tree of Life: Marijuana in Magic and Religion*, Frazier Park, 1995, 193.

10 Brecher: *Licit and Illicit Drugs*, 408.

11 Emboden, W. A.: *Ritual Use of* Cannabis Sativa L.*: A historical ethnographic survey*, in Furst, P. T. (Hrsg.): *Flesh of the gods: The Ritual Use of Hallucinogens*, New York, 1974.

12 Bennett, C. et al.: *Green Gold*, 37.

13 a. a. O., 39–40.

14 a. a. O., 55.

15 a. a. O., 62.

16 a. a. O., 57.

17 a. a. O., 85.

18 a. a. O., 115.

19 Emboden, W. A.: *Narcotic Plants*, New York, 1979, 54.

20 a. a. O., 54.

21 Needham, J.: *Science and Civilization*, Cambridge, 1976.

22 Bennett, C. et al.: *Green Gold*, 126.

23 Yanchi, L.: *The Essential Book of Traditional Chinese Medicine*, Vol. 2, New York, 1988.

24 Bennett, C. et al.: *Green Gold*, 126.

25 Mulvaney, R.: *Rastafari and Reggae*, Westport, 1990, 36.

26 McKenna: »Plan, Plant, Planet«, 5.

27 a. a. O., 7.

Kapitel 4

1 Folgende Quellen beschreiben die Geschichte des Hanfs in Zentralasien: Te-K'un Cheng: *Archaeology in China*, Vol. 1, Cambridge, 1959; Hui-Lin Li: »The Origin and Use of Cannabis in Eastern Asia«, *Economic Botany* 28, 1974, 293–301; Anderson, J. G.: *Bulletin of the Geographical Society of China* 5, 1923, 26; Kwang-Chih Chang: *The Archaeology of China*, New Haven, 1986; K'ao-Ku: *Archaeology* 7, 1984, 654–663.

2 Needham, J.: *Science and Civilization*, 1976.

3 Merlin, M. D.: *Man and Marijuana*, Rutherford, N. J., 1968.

4 Hui-Lin Li: »An Archaeological and Historical Account of Cannabis in China«, *Economic Botany* 28, 1974, 437–448.

5 Cho-Yun Hsu: *Han Agriculture*, Seattle, 1980, 70–71, 81–83, 226, 262, 280, 282, 287, 289, 309.

6 a. a. O., 282–283, 287.

7 Hoizey, D. und Hoizey, M.-J.: *A History of Chinese Medicine*, Vancouver, 1993; Yanchi, L.: *The Essential Book of Traditional Chinese Medicine*, Vol. 2, New York, 1988.

8 Schafer, E.: *The Golden Peaches of Samarkand*, Berkeley, 1963, 195.

9 Conrad: *Hemp: Lifeline to the Future*, 19.

10 Chopra, R. and Chopra, I.: *Chopra's Indigenous Drugs of India*, Calcutta, 1958.

11 Abel: *Marijuana: The First Twelve Thousand Years*, 24.

12 a. a. O., 43–57.

13 Manniche, L.: *An Ancient Egyptian Herbal*, Austin, 1989.

14 Frost, H.: *Natural History* 96, Nr. 12, 1987, 58–67.

15 Abel: *Marijuana: The First Twelve Thousand Years*, 38–39.

16 a. a. O., 41–43.

17 Furst, P. T.: *Flesh of the Gods*, 227.

18 Van der Merwe, N. J.: »Cannabis Smoking in 13th- and 14th-Century Ethiopia«, in: *Cannabis and Culture*, hrsg. von Rubin, V., The Hague, 1975.

19 Bryant, A. T.: *The Zulu People*, New York, 1970.

20 Painne, T.: *An Abstract of... A Treatise on Hemp*, Boston, 1766.

21 Frank, T.: *An Economic Survey of Ancient Rome*, Patterson, N. J., 1959, 131, 616, 823–824.

22 Laven, P.: *Renaissance Italy, 1464–1534*, New York, 1966, 18, 21, 27, 31, 39, 47.

23 Reininger, W.: »Remnants from Prehistoric Times«, in: Andrews, G. und Vinkenoog, J.: *The Book of Grass*, New York, 1967; Werner, J.: *Antiquity* 38, 1964, 201–216.

24 Körber-Grohne, U.: *Nutzpflanzen in Deutschland*, Stuttgart, 1987, 386.

25 Frazer, J. G.: *Balder The Beautiful*, New York, 1935.

26 Abel: *Marijuana: The First Twelve Thousand Years*, 67–68.

27 Rabelais, F.: Gargantua und Pantagruel, 3. Buch, München, 1968.

28 Braudel, F.: The Mediterranean and the Mediterranean World in the Age of Philipp II., New York, 1973, 430, 611, 779, 1225.

29 Abel: *Marijuana: The First Twelve Thousand Years*, 148–149.

30 Bibra, E., Frhr. v.: *Die narkotischen Genußmittel und der Mensch*, 265–266.

31 Crosby, A. W.: *America, Russia, Hemp and Napoleon*, 1965.

32 Godwin, H.: *Antiquity* 41, 1967, 42–49.

33 De Espinoza, A. V.: *Description of the Indies*, Washington, DC, 1960, 453, 728.

34 Lipson, E.: *The Economic History of England*, Band 2 und 3, London, 1931.

35 Thirsk, J. und Cooper, J. P.: *Seventeenth Century Economic Documents*, Oxford, 1972, 110.

36 Cunningham, W.: *The Growth of English Industry and Commerce*, New York, 1968.

37 Thirsk, J. und Cooper, J. P.: *Seventeenth Century Economic Documents*, 154.

38 Abel: *Marijuana: The First Twelve Thousand Years*, 73–75.

Kapitel 5

1 Gordon, C.: *Before Columbus: Links Between the Old World and Ancient America*, New York, 1971, 46–49, 170–177.

2 Holmes, W. H.: *Prehistoric Textile Art of Eastern Uni-*

ted States, 13th Annual Report, Washington, DC, 1891–1892.

3 Hakluyt, R.: *The English Voyages*, Vol. 8, Glasgow, 1903, 268, 353, 429.

4 Costain, T. B.: *The White and the Gold*, New York, 1954; Swanton, J.: *The Indians of the Southeastern United States*, Smithsonian Bulletin Nr. 137, New York, 1969, 306.

5 Little, F.: *Early American Textiles*, New York, 1931, 14.

6 Paine, T.: *Common Sense*, 1776.

7 Betts, E. M.: *Thomas Jefferson's Farm Book*, Princeton, 1953, 252.

8 Martin, E. T.: *Thomas Jefferson: Scientist*, New York, 1961, 88–90.

9 Crosby, A. W.: *America, Russia, Hemp and Napoleon*, 1965.

10 Nettels, C. P.: *The Emergence of a National Economy*, New York, 1962, Vol. 2: 110, 171, Vol. 3: 3, 15, 116–117, 326–327.

11 »Pot and Presidents«, *Green Egg*, 21. Juni 1975.

12 Conrad: *Hemp: Lifeline to the Future*, 40.

13 Herer et al.: Die Wiederentdeckung der Nutzpflanze Hanf, 1995, 62–63.

14 Musto: *The American Disease*, 224–227; Herer et al.: *Die Wiederentdeckung der Nutzpflanze Hanf*, 1995, 63–65.

Kapitel 6

1 Das Video *Hemp for Victory* kann über das HanfHaus Berlin bezogen werden.

2 Sackett und Hobbs: *Hemp: A War Crop*, New York, 1942.

3 U.N. Single Convention on Narcotic Drugs, 1961, Art. 28(3).

4 Proceedings: White House Conference on Narcotic and Drug Abuse (27.-28. Sept. 1962), Washington, DC, 1963.

5 Steinbeck, J.: *In Touch*, New York, 1969, 97.

6 Novak, W.: *High Culture*, Boston, 1980.

7 Schroeder, R. C.: *The Politics of Drugs: An American Dilemma*, Washington, DC, Congressional Quarterly, 1980.

8 Landrigan, P. et al.: *American Journal of Public Health* 73, Nr. 7, Juli 1983, 784–788.

9 Herer et al.: *Die Wiederentdeckung der Nutzpflanze Hanf*, 1995, 185–187.

10 NewsBank XV, 1984, INT 63:C14.

11 NewsBank XXI, 1990, LAW 82:F3.

12 NewsBank XVII, 1986, LAW 91:D3.

13 NewsBank XIX, 1988, LAW 106:D13.

14 NewsBank XIX, 1988, LAW 106:F7.

15 NewsBank XXIV, 1993, LAW 56:F2.

16 Grinspoon, L.: Marihuana – Die verbotene Medizin, 43–45.

17 NewsBank XXII, 1991, LAW 40:D12; a. a. O. LAW 81:D1.

18 *Boston Globe*, Special Report: Overdosing on Drug War, 24.–27. September 1995.

19 a. a. O.

20 Jansen, A. C. M.: Cannabis in Amsterdam, Muiderberg, 1991.

21 a. a. O.; *Die Zeit*, 5. April 1996, 2; *Rheinische Post*, 30. März 1996.

■ *Weiterführende Literatur*

Abel, Ernst L.: Marihuana. The First Twelve Thousand Years. New York, 1980

Behr, H.-G.: Von Hanf ist die Rede. Frankfurt, 1994

Bibra, E., Frhr. v.: Die narkotischen Genußmittel und der Mensch. Leipzig, 1855

Braude, M. C. und Szara, S. (Hrsg.): Pharmacology of Marihuana. New York, 1976

Breitfeld, R.: Rohstoff Hanf. Berlin, 1995

Conrad, C.: Hemp. A Lifeline to the Future. Los Angeles, 1993

Cosack, R. und Wenzel, R. (Hrsg.): Das Hanf-Tagebuch. 1995

Crosby, A. W.: America, Russia, Hemp, and Napoleon. Ohio, 1965

Emboden, W.: Narcotic Plants. London, 1979

Franke, W.: Nutzpflanzenkunde. Stuttgart, 1992

Frazier, J.: The Great American Hemp Industry. Peterstown, 1991

Geschwinde, T.: Rauschdrogen. Marktformen und Wirkungsweisen. Berlin, 1990

Grinspoon, L.: Marihuana – Die verbotene Medizin. Frankfurt, 1994

Gutberlet V. und Karus, M.: Parasitäre Krankheiten und Schädlinge an Hanf (Cannabis sativa). Hürth, 1995

Haag, S.: HanfKultur weltweit. Löhrbach, 1995

Hai, H.: Das Hanf-Handbuch. Löhrbach, 1984

Herer, J.: The Emperor Wears No Clothes. Van Nuys, 1993

Herer, J., Bröckers, M. und Katalyse-Institut: Die Wiederentdeckung der Nutzpflanze Hanf, Frankfurt, 1995

Heubach, H.: Die Faserpflanze Hanf – Materialien zur Geschichte ihres Anbaus, ihrer Verarbeitung und ihres Handels. Frankfurt, 1995

Hoffmann, W.: Hanf, *Cannabis sativa L.* – in: Kappert, H. und Rudorf, W. (Hrsg.): Handbuch der Pflanzenzüchtung, Bd. 5. Berlin, 1961

Katalyse-Institut (Hrsg.): Hanf & Co. Die Renaissance der heimischen Faserpflanzen. Göttingen, 1995

Körber-Grohne, U.: Nutzpflanzen in Deutschland. Kulturgeschichte und Biologie. Stuttgart, 1987

Jansen, A. C. M.: Cannabis in Amsterdam. Muiderberg, 1991

Ludlow, F. H.: Der Haschischesser. Basel, 1981

Miller, C. und Wirtshafter, D.: The Hemp Seed Cookbook. Athens, 1993

Novak, W.: High Culture. Boston, 1980

NOVA-Institut (Hrsg.): Biorohstoff Hanf, Tagungsband zum Symposium in Frankfurt. Hürth, 1995

Rätsch, C.: Hanf als Heilmittel. Löhrbach, 1992

Relman, A. (Hrsg.): Marijuana and Health. Washington, DC, 1982

Roulac, J. (Hrsg.): Industrial Hemp. Ojai, HempTech, 1995

Schultes, R. E. und Hofmann, A.: Pflanzen der Götter. Die magischen Kräfte der Rausch- und Giftgewächse. Bern, 1987

Siegel, R. K.: Rauschdrogen. Sehnsucht nach dem künstlichen Paradies. Frankfurt, 1995

Stefanis, C.; Dornbusch, R.; Fink, M.: Hashish. Studies of Long-Term Use. New York, 1977

Täschner, K. L.: Das Cannabis-Problem. Haschisch und seine Wirkungen. Köln, 1986

Van der Werf, J.: Crop Physiology of Fibre Hemp. Wageningen, 1994

■ Adressen

Information und Forschung

Bauen + Forschen, Wolf Hoffmann, Friedrichstr. 44, 67433 Neustadt, Tel. 0 63 21/3 43 42, Fax 3 36 23

Bauernverband Mecklenburg-Vorpommern, Trockener Weg 1, 17034 Neubrandenburg, Tel. 03 95/4 21 24 84

Bundesanstalt für Landwirtschaft und Ernährung, Referat 321, Adickesallee 40, 60322 Frankfurt, Tel. 069/1 56 40, Fax 1 56 44 45

Bundesforschungsanstalt für Landwirtschaft (FAL), Dr. Frank Höppner und Dr. Ute Menge-Hartmann, Bundesallee 50, 38116 Braunschweig, Tel. 05 31/59 61, Fax 59 68 14

C.A.R.M.E.N. e. V., Technologiepark 13, 97222 Rimpar, Tel. 0 93 65/80 69 45, Fax 80 69 55

Fachagentur Nachwachsende Rohstoffe e. V., Hofplatz 1, 18276 Gülzow, Tel. 0 38 43/6 93 00

Hanfgesellschaft e. V., Waldemarstr. 33, 10999 Berlin, Tel. 0 30/6 14 98 84, Fax 6 14 29 11

IGLU Ingenieurgemeinschaft für Landwirtschaft und Umwelt, Bühlstr. 10, 37073 Göttingen, Tel. 05 51/54 13 24

Institut für angewandte Forschung, Fachhochschule für Technik und Wirtschaft, Alteburgstr. 150, 72762 Reutlingen, Tel. 0 71 21/27 15 36, Fax 27 15 37

Katalyse – Institut für angewandte Umweltforschung, Weinsbergstr. 190, 50825 Köln, Tel. 02 21/5 46 10 55, Fax 54 53 38

NOVA – Institut für politische und ökologische Innovation (Koordination und Kontakte), Thielstr. 35, 50354 Hürth, Tel. 0 22 33/7 26 25, Fax wie Tel., EMail Compuserve 100675.1134

Umweltbundesamt, Bismarckplatz 1, 14193 Berlin, Tel. 030/8 90 30, Fax 89 03 27 98

Österreichisches Hanf-Institut (Koordination und Kontakte), Dürergasse 3/4, A-1060 Wien, Tel. 00 43/1/5 86 94 41, Fax 5 86 94 48

Universität für Bodenkultur, Institut für Pflanzenbau, Abt. Ökologischer Landbau, Gregor-Mendel-Str. 33, A-1180 Wien, Tel. 00 43/1/31 00, Fax 3 10 51 75

GAIA Media Stiftung, Spalenvorstadt 13, CH-4003 Basel, Tel. 00 41/61/2 62 20 25, Fax wie Tel.

Verein Schweizer HanffreundInnen, Postfach 323, CH-9004 St. Gallen, Tel. 00 41/73/22 22 31

Green Machine, Hoogte Kadijk 53-Bel Et., NL-1018 BE Amsterdam, Tel. 00 31/20/6 38 10 96, Fax 6 38 23 75

International Hemp Association, Postbus 75007, NL-1070 AA Amsterdam, Tel. 00 31/20/6 18 87 58, Fax wie Tel., EMail: iha@euronet.nl

BACH (Business Alliance for Commerce in Hemp), P.O. Box 71903, Los Angeles, CA 90071–0093, USA, Tel. 001/310/2 88 41 52

Hemp Industries Association (HIA), P.O. Box 9068, Chandler Heights, AZ 85227, Tel. 001/602/9 88 93 55, Fax 9 88 94 38

HEMPTECH, P.O. Box 820, Ojai, CA 93024, USA, Tel. 001/805/6 46 43 67, Fax 6 46 74 04

HEMP World, P.O. Box 315, Sebastopol, CA 95473, USA, Tel. 001/707/8 87 75 08, Fax 8 87 76 39, EMail: hemplady@crl.com

Hemp BC, 324 West Hastings, Vancouver, B. C. V6b 1K6 Canada, Tel. 001/604/6 81 46 20, Fax 6 69 90 38

Cannabis im Internet:

http://www.hempbc.com. (Infos und virtueller Laden)

http://www.cats-eye.com (Hanf-Archiv)

http://www.hemp.org (Hanf-Organisationen)

http://www.hempweb.com (Produkte und Infos)

http://www.calyx.com/activist.htme, Stichwort: Olsen (Marihuana-Archiv)

Hersteller und Handel

01990 Ortrand
Chemische Bleicherei
Eugen Jetter Nachf.
GmbH
Kamenzer Str. 6/8
Tel. 0 35 75/52 63

02826 Görlitz
Pebble
Hospitalstraße 33
Tel. 0 17 72/02 38 12

04109 Leipzig
Greenhorn Naturtextilien
Petersstraße 39–41 (Stentzelshof)
Tel. 03 41/9 60 37 84

09130 Chemnitz
HanfHaus Chemnitz
Tschaikowskystraße 52
Tel. 03 71/4 01 18 91

10777 Berlin
Vivaverde
Motzstraße 28
Tel. 0 30/2 13 33 61

10781 Berlin
Kiwi-Products
Winterfeldstraße 37
Tel. 0 30/2 15 80 66

10781 Berlin
Öko-Line
Barbarossastraße 6
Tel. 0 30/2 15 60 08

10823 Berlin
HanfHaus Schöneberg
Eisenacher Straße 71
Tel. 0 30/7 82 31 69

10999 Berlin
HanfHaus Kreuzberg
Oranienstraße 192
Tel. 0 30/6 14 81 02

10999 Berlin
HanfHaus GmbH-
Versand
Waldemarstraße 33
Tel. 0 30/6 14 98 84

12043 Berlin
Pur Pur
Karl-Marx-Platz 15d
Tel. 0 30/6 88 58 17

20144 Hamburg
Marlowe Nature
Beim Schlump 5
Tel. 0 40/44 80 93 37

20259 Hamburg
HanfHaus Hamburg
Eppendorfer Weg 1
Tel. 0 40/4 30 86 76

20354 Hamburg
Linnhus
Colonnaden 37
Tel. 0 40/34 12 42

21244 Buchholz
MADNESS (Mode)
Neue Str. 21
Tel. 0 41 81/9 75 21

22589 Hamburg
Signatur Naturtextilien
Sülldorfer Landstraße 39
Tel. 0 40/8 70 36 48

22765 Hamburg
Naturschön
Ottenser Hauptstraße 44
Tel. 0 40/3 90 17 00

24143 Kiel
HAPRO Groß- und
Versandhandel
für Produkte aus Hanf
Elisabethstraße 37
Tel. 04 31/7 39 63 75

25980 Westerland/Sylt
Marlowe Nature
Strandstraße 19
Tel. 0 40/44 80 93 37

29221 Celle
Wundergrün
Bernstorffstraße 26
Tel. 0 51 41/21 47 71

30159 Hannover
HanfHaus Hannover
GmbH
Am Marstall 17
Tel. 05 11/32 24 57

40213 Düsseldorf
HanfHaus Düsseldorf
Mühlenstraße 10
Tel. 02 11/3 23 79 22

44789 Bochum
TriTec GmbH (Rohstoffgroßhandel)
Herrmannshöhe 7a
Tel. 02 34/30 90 80

45127 Essen
Friends of Nature
Limbecker Straße 4
Tel. 02 01/20 04 80

47441 Moers
Pur Natur
Kirchstraße 20a
Tel. 0 28 41/17 05 80

48739 Legden
Venceremos GmbH
Hauptstraße 44
Tel. 0 25 66/20 90

50647 Köln
HanfHaus Köln
Brüsseler Straße 31
Tel. 02 21/2 40 00 06

50677 Köln
Kokon
Vondelstraße 9
Tel. 02 21/3 31 91 16

53639 Königswinter
THC The Hanf Company
Peter Homann GmbH
Holzweg 6
Tel 0 22 24/75 47

55411 Bingen
ÖKOMARKT (Dämmaterial)
Laurenzigasse 20
Tel. 0 67 21/1 25 00

60316 Frankfurt/M.
HanfHaus Frankfurt/M.
Berger Straße 87
Tel. 0 69/43 86 34

60316 Frankfurt/M.
Greenhouse GmbH
Rotlintstraße 70
Tel. 0 69/43 01 00

60316 Frankfurt/M.
Greenhouse GmbH
Königswarter 6
Tel. 0 69/44 87 85

61348 Bad Homburg
Hess Natur
Hessenring 82
Tel. 0 61 72/1 21 40

63930 Richelbach
dupetit Naturparfüms
Hauptstraße 41
Tel. 0 93 78/367

64293 Darmstadt
Hanfkontor Darmstadt
Landwehrstr. 43
Tel. 0 61 51/29 61 79

65779 Kelkheim
Schneidersöhne (Papierfabrik)
Benzstr. 3
Tel. 0 61 95/80 12 38

67105 Schifferstadt
MEHA Dämmstoff
GmbH
Böhlerweg 6–10
Tel. 0 62 35/10 01

69117 Heidelberg
HanfHaus Heidelberg
Hauptstraße 35
Tel. 0 62 21/1 09 29

70182 Stuttgart
HanfHaus Stuttgart
Olgastraße 57
Tel. 07 11/2 36 86 43

70195 Stuttgart-Botnang
Naturalo
Franz-Schubert-Straße 45
Tel. 07 11/69 45 65

72764 Reutlingen
HanfHaus Reutlingen
Weingärtnerstraße 27
Tel. 0 71 21/33 92 23

73525 Schwäbisch Gmünd
HanfHaus Schwäbisch
Gmünd
Hauffstraße 2
Tel. 0 71 71/3 78 28

73728 Esslingen
Dietz Naturbekleidung
Am Kronenhof 1
Tel. 07 11/35 68 68

73728 Esslingen
Hanf Dampf
Kupfergasse 8
Tel. 07 11/35 44 75

79100 Freiburg
HanfHaus Freiburg
Günterstalstraße 20
Tel. 07 61/7 07 00 69

79108 Freiburg
Waschbär Umwelt
Produkt Versand
Abrichstraße 4
Tel. 07 61/1 30 61 90

80469 München
Auryn
Reichenbachstraße 35
Tel. 0 89/2 01 01 03

81739 München
Naturmoden Carstens
Waldperlacher Straße 53
Tel. 0 89/6 01 18 90

82402 Seeshaupt
ECCO Gleittechnik
GmbH
Salzsteinstr. 4
Tel. 0 88 01/9 70

85567 Grafing
Fa. Gerr, Hanfprodukt-
Versandhandel
Melakstr. 7
Tel. 0 80 92/15 12

87435 Kempten
Ambros
Promenadestraße 1
Tel. 08 31/2 63 95

89073 Ulm
Argo Naturkleidung
Fischergasse 1
Tel. 07 31/6 38 16

93059 Regensburg
HanfHaus Regensburg
An der Schierstadt 1
Tel. 09 41/ 89 46 53

94315 Straubing
HanfHaus Straubing
Koppgasse 10
Tel. 0 94 21/2 25 55

97070 Würzburg
Naturwinkel
Augustinerstraße 11
Tel. 09 31/5 55 88

A-8280 Fürstenfeld
ROHEMP
Wallstr. 36
Tel. 00 43/33 82/5 22 30

A-4753 Taiskirchen
Zellform (Biokunststoffe)
Riederstr. 3
Tel. 00 43/77 64/77 22

CH-8025 Zürich
HanfHaus Schweiz
Spitalgasse 8
Tel. 00 41/1-2 52 41 70/-77

NL-1018 BE Amsterdam
Green Machine
Hoogte Kadijk 53-Bel Et.
Tel. 00 31/20/6 38 10 96

B-2960 Brecht
Alma Rosa, Handelslei
Tel. 00 32/81/43 93

F-72260 René
Chènevotte Habitat
Le Verger
Tel. 00 33/43/97 45 18, Fax
97 65 44

Frank Jones

Mit Rotwein gegen Herzinfarkt

Welcher Wein, wieviel, für wen?

Herz-Kreislauf-Krankheiten sind in der westlichen Welt
immer noch Todesursache Nr. 1. Paradoxerweise
zeigen die Franzosen, die viel rauchen, kaum Sport
treiben und reichlich ungesättigte Fette zu sich nehmen,
eine der niedrigsten Herzinfarktraten der Welt.

Ihr Geheimnis: Rotwein – mäßig, aber regelmäßig.
Die Wissenschaft bestätigt: Ein bis zwei Gläser pro Tag
verringern das Infarktrisiko um ca. 40 Prozent. Einige
Inhaltsstoffe der Rotweine, z.B. Antioxidanzien,
die aggressive Zellkiller unschädlich machen, beugen
nachweislich vielen Krankheiten vor.

Dieser praktische Ratgeber beschreibt die medizinischen
Möglichkeiten des Weins und hilft mit einer detaillierten
Übersicht über empfehlenswerte Weinsorten aus aller
Welt bei der Auswahl des richtigen Rebensafts.

vgs verlagsgesellschaft, Köln